소그룹으로 변화되는 역동적인 교회

Creating Community

by Andy Stanley

Originally published in English under the title:
Creating Community by Andy Stanley

Copyright ⓒ 2004 by North Point Ministries, Inc..
Published by Multnomah Publishers, Inc.
601 N. Larch Street, Sisters, Oregon 97759 USA

All non-English language rights are contracted through:
Gospel Literature International,
P. O. Box 4060, Ontariao, CA 91761-1003, USA

Korean translation copyright ⓒ 2005 by Timothy Publishing House
Kwan-Ak P.O.Box 16, Seoul, Korea

이 책의 한국어판 저작권은 Multnomah Publishers Inc. 와의 독점판권 계약에 의해
도서출판 디모데에 있습니다. 저작권법에 의하여 한국 내에서 보호를 받는 저작물이므로
무단 전재와 무단 복제를 금합니다.

앤디 스탠리, 빌 윌릿 지음
이중순 옮김

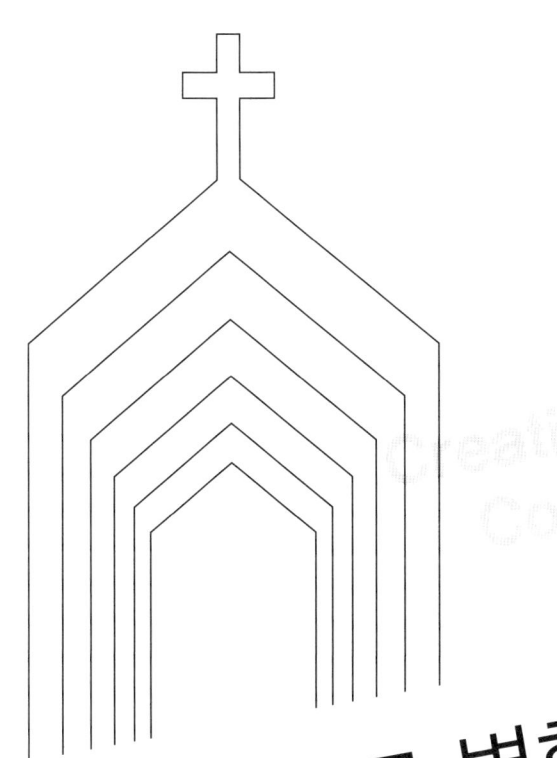

소그룹으로 변화되는 역동적인 교회

노스포인트 교회의 성장 비결

차례 CREATING COMMUNITY

감사의 말 _ 7

서문 소그룹을 생각하며 _ 11

1부 모든 사람들은 공동체를 필요로 한다

1. 관계를 갈망하는 문화 _ 19
2. 다 괜찮은 것은 아니다 _ 27
3. 하나님이 꿈꾸시는 공동체 _ 39

2부 리더들은 명료한 사명 의식을 필요로 한다

4. 목표를 분명히 하라 _ 51
5. 영적 성숙을 정의하라 _ 61
6. 사람들이 어디로 가야 할지 결정하라 _ 71

3부 교회는 전략을 필요로 한다

7. 핵심어를 찾아라 _ 83
8. 전략을 선택하라 _ 91
9. 문을 닫아라 _ 101

4부　연결은 단순함을 필요로 한다

　　10. 단계들을 만들라　_ 113

　　11. 쉽게 만들라　_ 123

　　12. 구입하기 전에 시험해보라　_ 133

5부　연결 과정은 현실성을 필요로 한다

　　13. 현실성 있게 대처하라　_ 143

　　14. 더 큰 효과를 위해 더 적게 훈련하라　_ 153

　　15. 성공을 위해 준비하라　_ 165

결론 마지막 제언　_ 173

부록 A: 그룹 디렉터 직무 기술서　_ 177

부록 B: 공동체 그룹 리더 직무 기술서　_ 180

부록 C: 공동체 그룹 서약서　_ 182

부록 D: 공동체 그룹의 승리　_ 185

부록 E: 보육 비용 환급 제도　_ 187

부록 F: 보육 비용 환급 신청서　_ 188

주　_ 190

감사의 말

혼자서는 결코 이런 책을 만들 수 없다. 이 책은 공동체에 대한 열정(그리고 저자에 대한 연민의 정)을 가진 많은 사람들의 노력이 합쳐진 결과라고 할 수 있다. 하나님은 매우 창의적이고 유쾌한 몇몇 사람들과 함께 이 삶과 프로젝트를 나눌 수 있게 하셨다. 몇 사람은 내 가족이며, 몇 사람은 동료들이고, 나머지는 개인적인 친구들이다. 그러나 이 책을 집필하는 동안, 그들은 모두 놀라울 정도로 큰 힘이 되어주었다.

특별히 노스포인트 리더십 팀 동료들인 줄리 아놀드(Julie Arnold)와 릭 홀리데이(Rick Holliday), 레인 존스(Lane Jones), 레지 조이너(Reggie Joiner), 데이비드 맥다니엘(David McDaniel) 그리고 앤디 스탠리(Andy Stanley)에게 감사를 전하고 싶다. 이 책에 언급된 대다수 개념과 아이디어는 우리가 수많은 토론을 거치면서 만든 원리들을 응용한 것에 불과하다. 그들은 이 지구상에서 가장 유능하고 재미있는 리더들이다. 그들과 함께 살아가며 사역하는 것은 정말로 즐거운 경험이었다.

노스포인트 그룹 라이프 팀에게도 감사의 말을 전하고 싶다. 특별히 스티브 기든스(Steve Giddens)와 프랜 라마티나(Fran LaMattina), 제이슨 말렉(Jason Malec), 미치 밀러(Mitzi Miller), 스티븐 레든(Stephen Redden), 앨 스콧(Al Scott), 션 세이(Sean Seay) 그리고 존 우달(John Woodall)에게 감사를 전한다. 그들은 누구보다도 이 책 내용과 관련이 많으며, 놀라울 정도로 훌륭한 리더들이다. 그렇게 재능 있고 그리스도를 닮은 친구들과 함께 일하게 해주신 하나님께 말로 다 표현할 수 없을 만큼 감사드린다.

이 개념들을 매주 현실로 만들고 있는 사람들은 세상에 알려지지 않은 영웅들이다. 이들이야말로 특별한 찬사를 받을 만한 자격이 있다. 그들은 노스포인트를 자신의 교회 집이라고 부르는 수많은 자원 봉사 그룹 리더들과 소그룹 사역에 열렬히 동참해준 성도들이다. 그리스도와 소그룹에 대한 그들의 열정과 헌신은 우리 모두에게 격려와 도전이 되고 있다. 우리는 지금도 그들로부터 많은 것을 배우고 있다. 애틀랜타에 사는 수많은 사람들에게 삶의 방식이 되는 공동체의 본을 보여준 것에 대해 진심으로 감사드린다.

공동체 속에서 살아간다는 것이 무엇을 의미하는지 우리는 현재와 과거 공동체 그룹을 통해서 많은 것을 배웠다. 우리는 많이 웃기도 하고, 서로 도전하며, 같이 울고, 역사하시는 하나님을 함께 보았다. 즐거운 시간도 있었고 힘든 시기도 있었지만, 하나님과 그분의 교회에 보여준 그들의 신실함이 있었기에 실제적인 방식으로 그리스도의 사랑을 경험할 수 있었다.

이 프로젝트를 위해 특별히 애써준 사람들이 있다. 이 책을 쓰는 동안 내 삶과 사역이 흐트러지지 않도록 해준 나의 비서 얀 우드러프(Jan Woodruff)에게 감사하고 싶다. 이 일이 가욋일이었음을 잘 알고 있다. 정말 고맙게 생각한다. 이 원고를 편집하는 데 많은 도움을 준 돈 헐리(Dawn Hurley)에게도 감사의 말을 전하고 싶다. 또한 토론에 유용한 질문들을 선정하도록 도와준

마이클 콜웰(Michael Colwell)과 존 우달(John Woodall)에게도 감사하고 싶다. 그리고 유용한 연구 조사로 내가 신학적인 오류에 빠지지 않도록 도움을 준 저스틴 크레이그(Justin Craig)에게도 감사의 말을 전하고 싶다.

모든 사람은 많은 영향력의 산물이다. 교회도 마찬가지다. 소그룹 운동과 우리의 소그룹 사역에 빌 도나휴(Bill Donahue)와 러스 로빈슨(Russ Robinson) 그리고 윌로우 크릭(Willow Creek) 교회의 소그룹 사역 팀보다 더 큰 영향을 미친 사람은 없다. 빌은 초창기 시절부터 우리의 멘토로서 우리를 이끌어주었고, 그 이후에도 계속 격려를 아끼지 않았다. 감사해요. 당신들은 정말 좋은 친구들입니다.

멀트노마(Multnomah) 출판사에 있는 우리 친구들, 돈 제이콥슨(Don Jacobson), 케빈 마크스(Kevin Marks), 덕 가버트(Doug Gabbert), 브라이언 플래이글러(Brian Flagler), 데이비드 웹(David Webb)과 크리스티나 쿨터(Kristina Coulter)에게 감사를 전하고 싶다. 그들은 이 프로젝트를 믿고 협력해주었다. 그들의 삶과 사역과 최고를 향한 열정은 우리에게 큰 축복이 아닐 수 없다. 그리고 멀트노마에서 창조해온 그들의 공동체 문화 역시 우리에게 큰 힘이 되고 있다.

내가 가장 사랑하는 소그룹, 내 가족의 도움이 없었다면 이 책은 결코 만들어지지 못했을 것이다.

테리(Terry), 당신의 사랑과 믿음이 없었다면, 나는 결코 이 일을 해내지 못했을 거요. 당신과 삶을 공유하고 있다는 사실에 얼마나 감사한지 모른다오. 내가 이 일로 바쁠 때 내 빈자리를 메워주고, 가장 힘들 때에도 지치지 않도록 성원해주며, 원고를 읽고 또 읽어준 것에 대해 고마움을 전하고 싶소. 당신의 통찰력 있는 조언은 당신이 우리 집에서 최고의 작가라는 사실을 다시 한 번 상기시켜줄 만큼 너무나 큰 도움이 되었소. 당신이 너무나 자랑스럽고 내가 당신의 남편이라는 사실에 감사하고 있소.

베일리(Bailey), 책을 쓰느라 바쁜 아빠를 이해해줘서 고맙다. 너를 내 딸이라고 부를 수 있어서 아빠는 축복받은 사람이란다. 그동안 너는 "아빠 책 언제 끝나요?"라고 묻곤 했지. 마침내 "이제 끝났어"라고 말할 수 있게 되었구나. 자, 이제 데이트하러 나갈 준비 됐니?

아버님, 어머님, 두 분을 부모님이라고 부를 수 있다는 사실이 감사하고 자랑스럽습니다. 두 분은 평생 친구들과 공동체에 헌신하는 본이 되어 저를 가르치셨습니다. 저희 세대는 두 분으로부터 많은 것을 배울 수 있답니다.

친척인 버스(Bus)와 카르멘 라이언(Carmen Ryan)에게도 감사를 전하고 싶다. 두 사람은 특별히 내가 이 책을 집필하는 내내 자기들의 '여름 별장'을 빌려주는 등 격려와 지원을 아끼지 않았다.

그리고 누구보다도 30년 전에 아들 예수 그리스도를 통해 생명을 주는 공동체에 나를 연결시켜주신 하나님께 감사드리고 싶다.

빌 윌릿(Bill Willits)

서문

CREATING COMMUNITY

소그룹을 생각하며

1993년 샌드라(Sandra)와 나는 빌(Bill)과 테리 윌릿(Terry Willits)을 만나 다른 세 부부와 함께 소그룹을 만들었다. 당시 나는 한 침례교회에서 아버지 밑에서 일하고 있었는데, 그 교회에는 소그룹 사역이란 게 전혀 없었다. 대부분의 침례교회들과 마찬가지로, 성인 교육이 주일학교 체제 안에 포함되어 있었기 때문에, 고등부 사역을 담당하던 나는 주일학교 성인 반에 참석할 수가 없었다. 샌드라와 나는 무언가를 놓치고 있다고 느꼈다.

우리 주변에는 친구가 많았다. 살아가면서 조언과 충고를 구할 만한 연장자들도 꽤 있었다. 우리 부부는 당시 갈등도 없었고, 모든 것이 더할 나위 없이 좋은 상황이었다. 하지만 우리와 함께 인생길을 동행하는 사람이 아무도 없다는 사실을 절감하고 있었다. 우리는 다른 부부들과 함께 기도하지도 않았고, 같은 삶의 계절을 지나는 다른 부부들과 함께 삶을 나누지도 않았다. 그런데 지금도 완전히 이해할 수 없는 몇 가지 이유들로, 우리는 소그룹이야말로 우리에게 필요한 것이라는 결정을 내렸다.

나는 우리가 느낀 좌절감을 빌과 나누면서 그와 테리도 부부로서 동일한 경험과 관심사를 가지고 있음을 알게 되었다. 그래서 우리는 소그룹을 만들기로 결심했다. 우리는 각자 다른 부부들을 우리 그룹에 초대했다. 모임을 시작하기 일주일 전, 나는 그 지역으로 이사를 와 소속할 곳을 찾고 있던 한 가족을 교회에서 만났다. 나중에야 알게 된 사실이지만, 당시 그 남편은 그리스도인이 아니었다. 그 부분에 대해서는 나중에 다시 이야기하자.

이 시점에서 반드시 이해하고 넘어가야 할 중요한 사실은 당시 우리 그룹은 교회 프로그램의 일부가 아니었다는 점이다. 미리 정해놓은 어떤 목적을 위한 수단이 아니었다. 우리는 그저 공동체의 필요성을 느낀 몇 쌍의 부부에 불과했고, 그때는 '공동체(community)'라는 용어도 사용하지 않던 때였다. 그러나 지금 되돌아보니, 우리가 놓치고 있었던 것이 바로 그 공동체였다. 그냥 내버려두면 목적도 체계도 없이 흘러갈 수도 있는 우리 관계에 일종의 조직성과 체계를 부여해야 할 필요성을 모두가 감지한 것이다. 우리는 예측 가능한 환경이 필요했다. 다른 부부들과 함께 '삶을 살아가야 할' 필요성도 느꼈다.

우리가 함께했던 그해에 몇 가지 주목할 만한 일들이 일어났다. 한 아이가 태어나 같이 축하해주기도 했고, 불임으로 고통당하는 부부를 부둥켜안고 함께 안타까워하기도 했다. 한 남자는 직장을 잃었고, 또 다른 부부는 거의 파경에 이를 뻔했다. 그해 말, 앞서 언급했던 그 신사가 마침내 믿음의 길에 들어섰다고 고백했을 때, 우리 모두는 감격의 눈물을 흘렸다.

그 1년은 우리에게 너무나 소중한 시간이었다. 샌드라와 나는 그 이후 계속 소그룹에 몸담게 되었다. 삶은 훨씬 더 바빠졌고, 사역에 대한 부담 역시 더 무거워졌다. 우리의 세 자녀에게 어느 때보다도 더 많은 시간을 쏟아야 하지만, 소그룹 활동만은 우리가 양보할 수 없는 것이 되어버렸다.

우리는 이제 막 열한 번째 그룹을 시작하려고 한다. 지난번 그룹에서 함께 활동했던 두 부부와, 우리 아이들이 속한 야구 클럽에서 알게 된 세 부부가 합류할 예정이다. 그들은 대부분 노스포인트 커뮤니티 교회(North Point Community Church)에 1년 가까이 출석했고, 영적인 성숙 정도가 매우 다양한 사람들이다. 샌드라와 나는 첫 모임을 학수고대하고 있다.

문화를 만들라

빌 윌릿(Bill Willits)과 내가 이 프로젝트에 대해 처음으로 이야기를 나누었을 때, 우리는 스스로에게 이렇게 질문했다. "독특한 우리 그룹에 대해 어떤 이야기를 해야 할까?" 여러 가지가 떠올랐지만, 대화하는 가운데 분명하게 드러난 노스포인트의 가장 중요한 특징은 우리가 정말로 소그룹 '문화'를 가지고 있다는 점이다. 소그룹 프로그램은 부속물이 아니다. 기존 체계에 덧붙여진 프로그램이 절대 아니다. 소그룹은 삶의 방식의 일부분이다. 우리는 항상 그룹을 생각한다. 그룹을 염두에 두고 모든 것을 조직하며, 모든 것이 그룹 생활로 귀결되는 그룹 라이프(group life)를 지향한다. 그룹 라이프는 여러 가지 측면에서 우리 조직이 해야 할 것과 하지 말아야 할 것을 결정해 준다.

목회를 하면서 우리가 지금까지 설정했던 유일한 수적 목표는 소그룹 참여도였다. 왜 그럴까? 진정한 삶의 변화는 의도적인 관계(intentional relationships) 속에서 일어난다고 믿기 때문이다. 그리고 교회의 핵심 사명이 바로 삶의 변화이기 때문이다. 그래서 우리는 사역의 모든 노력을 소그룹에 쏟기로 결정했다.

나는 담임 목회자들과 함께 소그룹 사역에 대해 이야기할 때마다 항상 그들 자신의 소그룹 경험을 묻는다. 대부분의 경우(사실 거의 대다수가) 소그룹에 적극적으로 참여하지 않고 있음을 확인하게 된다. 그럴 때면 나는 다소 무례한 이야기를 한다. 나는 목사가 직접 참여하기를 꺼려하는 무언가를 주창한다는 것은 위선이라고 생각한다.

그러면 그 자리에 함께한 소그룹 디렉터들은 속으로 쾌재를 부른다. 그들은 담당 목사들이 모르고 있는 것을 알고 있기 때문이다. 소그룹이 교회 문화의 일부가 되기 전까지는 교회에 제대로 영향을 미칠 수 없으며, 그런 변화는 핵심 지도부에서부터 시작된다는 사실 말이다.

당신의 안내자가 여기 있다

빌은 이 프로젝트에서 집필의 상당 부분을 맡아주었다. 당연한 일이다. 그는 지금도 그룹 라이프의 최전선에서 살고 있기 때문이다. 6명의 노스포인트 창립 멤버 가운데 1명인 빌은 이 소그룹 사역의 설계자라고 할 수 있다. 1993년 우리가 공유했던 소그룹 경험은 우리 교회에 소그룹 문화를 만들고자 하는 그의 열정에 불을 붙였고, 그는 그 일을 정확히 해냈다. 소그룹 사역 분야는 그의 지도 아래 날로 성장하여 지금은 8,000명 이상의 성인들이 소그룹에 참여하게 되었다.

기업가이자 전략가인 빌은 노스포인트에서 닫힌 그룹(closed-group) 모델을 개발하는 책임을 맡았다. 빌이 그 모델을 주창하기 이전에는 그런 개념을 받아들인 교회가 없었다. 그의 리더십과 용기 덕분에 사람들은 스스로 증식하는 닫힌 그룹을 개발할 수 있었다. 사람들은 절대 불가능한 일이라고 했다. 어리석은 도전이라는 말도 했다. 그러나 빌은 그 회의론이 틀렸다는 사실을 증명했다.

빌은 지금까지 우리 교역자들과 자원 봉사자들이 쉽고 효과적으로 운영할 수 있는 계획을 세워주었다. 그는 모든 교역자와 교인들을 소그룹에 포함시키려는 자신의 비전을 이루기 위해, 교회가 성장할 때마다 그때그때의 필요를 충족시키고 우리의 그룹 사역을 지속적으로 쇄신해왔다.

소그룹이라는 주제에 관해서는 이미 좋은 책들이 많이 나와 있다. 나도 아마 그 책들을 거의 다 읽었을 것이다. 하지만, 이 책은 다른 점이 있다. 지금 당장 비행기에 올라타고 조지아(Georgia) 주 애틀랜타(Atlanta)로 오면 이 책에 담긴 모든 것을 당신도 직접 경험할 수 있다는 사실이다. 노스포인트 커뮤니티 교회를 '우리 집'이라고 부르는 사람들에게는 이 책에 언급된 모든 원칙과 환경들이 일상적인 현실이기 때문이다. 그런 이유로 나는 이 책「소그룹으로 변화되는 역동적인 교회(Creating Community)」가 당신의 소그룹 경험과 소그룹 사역에 일대 변혁을 불러일으킬 수 있는 잠재력을 지니고 있다고 믿는다. 즐겁게 읽기 바란다!

앤디 스탠리(Andy Stanley)

CREATING COMMUNITY

모든 사람들은
공동체를 필요로 한다

1장

CREATING COMMUNITY

관계를 갈망하는 문화

거의 매일 아침, 나는 알람 버튼을 누른 후 다른 많은 사람들처럼 출근 준비를 한다. 그리고 신선한 커피를 마시기 위해 어김없이 근처 스타벅스에 들른다. 문 밖을 나서 자동차에 올라타는 순간, 그 향기로운 첫 모금을 갈망하기 시작한다. 그렇게 해서 나는 스타벅스의 단골이 되었다. 직원들도 내 이름을 알고 나도 그들의 이름을 안다. 이제 스타벅스는 내게 카페인 제공업자 이상의 의미를 지닌다. 내 일상의 일부가 되어버린 것이다.

어느 날 아침, '나만의' 커피를 만드는 동안, 내 눈을 사로잡는 카드 한 장을 보게 되었다. 당신이 스타벅스 애호가라면, 아마 당신도 그것을 본 적이 있을 것이다. 그것은 스타벅스의 구인 광고 카드였다. 오해하지 말라. 내가 그 카드에 흥미를 느낀 것은 일자리 때문이 아니었다. 그 카드가 눈에 띈 것은 그 타이틀 때문이었다. "공동체를 만들라. 누군가의 하루를 특별하게 만들라." 공동체라는 주제가 내 흥미를 끌기도 했고 내가 헌신하는 영역이기도 했기 때문에, 나는 즉시 그것을 집어들었다. 그 카드 뒷면에는 이렇게 씌어 있었다. "스타벅스에서 일하십시오. 근사한 커피로 하루를 즐기면서 이웃과 친구들이 함께 어울리고 다시 가까워질 수 있는 환경을 만들어보세요. 당신은 누군가의 하루를 특별하게 만들 수 있습니다."

흥미롭지 않은가? 스타벅스는 자기들이 고급 커피를 판매하는 것 이상의 일을 하고 있다고 자부한다. 사람들을 의미 있게 연결시켜주는 환경을 조성함으로써 그들의 삶의 질을 변화시키는 것이 자기들의 기업 목표 가운데 하나라고 믿는 것이다.

스타벅스는 웹 사이트에서 그들이 판매하는 것은 '스타벅스 경험(Starbucks experience)'이라고 말한다. 우리는 그 '스타벅스 경험'을 구매하고 있는 것이다. 스타벅스의 이번 회계연도 수익은 50억 달러를 초과할 것으로 예상된다. 그리고 내년에는 전 세계적으로 1,300개의 신규 점포를 개설할 예정이다. 최근에는 가장 신뢰받는 글로벌 브랜드 상위 10위 안에 들기도 했다.[1] 커피 원두가 주력 상품인 회사로서는 그리 나쁘지 않은 성적이다. 스타벅스는 관계를 장려하는 매개체로 커피를 이용하고 있다. 현명한 생각이다. 그 회사는 우리가 관계를 갈망하는 문화 속에서 살고 있다는 사실을 잘 알고 있는 것이다.

상호 작용을 주고받는 공간

　인테리어 디자이너인 내 아내 테리는 여러 해 전에 주택 건축에 관한 매우 흥미로운 기사를 읽은 적이 있다. 이 시대 대부분의 건축 설계사들은 의도적으로 관계가 아니라 프라이버시와 격리를 조장하는 방향으로 주택을 설계한다는 내용의 기사였다. 비교적 얼마 전까지도 삶은 지금보다 더 단순했고, 출퇴근 시간이라는 것도 존재하지 않았다. 그 당시에는 집집마다 현관 앞에 베란다가 설치되어 있었다. 저녁 산책을 하거나 장보러 차를 몰고 가던 사람들은 베란다에 앉아 있는 이웃들과 '마주치기' 십상이었다. 대개는 한 가지 이야기가 다른 이야기로 이어졌다. 그러다가 곧 함께 자리에 앉아 일상적인 이야기를 나누고 시원한 음료수를 마시자는 초대를 받기도 했다. 사람들은 실제로 서로를 위해 시간 내기를 주저하지 않았고, 그런 자연스러운 상호 작용을 가치 있게 생각했다. 베란다에서의 대화는 일종의 삶의 방식이었다. 어느 작가가 말했듯이, "미국 가정의 현관 베란다는 더 나아가 미국의 이상적인 공동체를 상징했다. 현관 베란다는 공(公)과 사(私)를 구분하는 안전 지대로, 가정의 신성함과 외부 공동체 사이에서 서로가 공유할 수 있는 구역으로 존재해왔다. 공동체와의 상호 작용이 일어나는 영역이었던 것이다."[2]

　21세기에 들어선 지금, 우리는 직장 생활의 긴장과 분주함으로부터 도망쳐 집으로 돌아오면 차고 문을 내리고 도피하기에 바쁘다. 바깥에 있는 현관 베란다의 열린 공간이 아니라, TV가 놓인 거실 속으로 말이다. 외출할 때에도 십중팔구는 앞쪽 현관을 이용하지 않고, 뒷문으로 나간다. 가혹한 현실이다. 길고 힘든 하루를 보내고 출퇴근 전쟁까지 치르고나니, 더 이상 사람들을 보고 싶지 않은 것이다. 오히려 그들로부터 도망치고 싶다! 누군가와 한 번 더 대화하고, 한 번 더 결정을 내려야 하며, 한 번 더 누군가의 요구를 들어주는 것은 우리가 하루를 마무리하는 시점에 결코 하고 싶지 않은 것들이다. 그래서 우리는 예기치 않은 상호 작용을 피하기 위해 집안에 숨어버린다. 우리의 목표는 어떻게 해서든지 사람들을 피하는 것이다. 어쩌면 그들도 똑같은 것을 원하고 있을지 모른다. 그리고 우리는 그 대가를 톡톡히 치르게 된다. 회피 방식은 항상 대가를 수반하기 때문이다.

> 우리의 목표는 어떻게 해서든지 사람들을 피하는 것이다. 그리고 우리는 그 대가를 톡톡히 치르게 된다.

모두가 외로운 사람들이다

조지 갤럽(George Gallup)은 이렇게 말했다. "미국인들은 이 세상에서 가장 외로운 사람들이다."3 분주한 삶과 꽉 짜여진 스케줄, 혼잡한 도시 한가운데서도 우리는 외로움을 느낀다. 예약이 초과된 비행기를 타기 위해 혼잡한 고속도로를 정신없이 달려가 만석인 비행기에 앉아 여행할 수는 있다. 그러나 우리는 여전히 고독 속에서 살고 있다. 어떻게 그럴 수 있단 말인가? 우리들은 대부분 사람들에 둘러싸여 있지 않은가. 그것도 수많은 사람들에 의해서 말이다.

대부분의 사람들이 살아가는 주변에는 다른 많은 사람들이 있다. 그들은 많은 사람들과 함께 일하며, 많은 사람들로 북적이는 스포츠 행사에 참석한다. 요즘은 헬스클럽이 대부분 대형화되는 추세여서, 심지어 운동까지 많은 사람들에 둘러싸여 하고 있다! 익숙한 이야기인가? 어느 작가가 지적했듯이, "오늘날 미국 인구의 3/4 이상이 대도시 지역에 살고 있고, 그들 가운데 2/3 이상이 도시 근교에 살고 있다."4 그리고 그런 교외 지역들은 대부분 초대형 주거 지구로 이루어져 있으며, 일부 주거 지구는 소규모 도시보다 더 큰 실정이다. 만약 당신이 대도시에서 사는데 주변에 사는 이웃이나 함께 일하는 동료들이 마음에 들지 않는다면, 다른 옵션이 있다. 비행기를 타고 떠나라. 이 나라 인구의 80퍼센트는 2시간 이내면 직접 만나볼 수도 있다!

사람들과 만나는 것은 이제 대부분의 사람들에게 문제가 되지 않는다. 그런데, 왜 그런 외로움을 느끼는 걸까?

데비(Debbie)는 20대 후반의 독신녀다. 그녀는 뛰어난 리더십 은사를 가진 장래가 유망한 직장 여성이다. 일에 대한 열심으로 그녀는 회사의 떠오르는 기대주가 되었다. 고위 경영진도 그녀를 주목하기 시작했다. 그러나 일주일에 6일을 일하는 바쁜 스케줄 때문에, 일 이외에 다른 삶을 가질 수가 없었다. 대체로, 데비는 별로 외출을 하지 않는다. 할 일이 너무 많기 때문이다. 일을 하지 않고 있을 때는 주로 자신의 다락방을 새롭게 꾸미는 일에 매달린다. 그녀의 부모들은 그녀에 대해 걱정하고 있다. 소녀 시절에는 떨어질 수 없을 것 같던 단짝 친구가 여럿 있었지만 이제 그 관계들은 너무나 소원해져버렸다. 그녀는 "그게 포춘(Fortune) 500대 기업에 근무하는 대가예요"라고 말한다.

게다가, 그녀는 항상 사람들과 함께 있지 않은가. 직장에도, 헬스클럽에도, 교회에도, 어디나 사람들로 북적인다. 데비는 항상 사람들에 둘러싸여 있다. 하지만 그들 가운데 누구도 제대로 알지 못한다. 그들도 그녀를 모른다. 최근까지는 그것도 나쁘지 않았다. 그러나 이제 홀로 살아간다는 것의 폐해가 서서히 드러나기 시작한다. 데비는 요즘 부쩍 외로움을 느끼고 있다. 군중 속에 있으면서도 말이다.

아내와 나는 거의 10년 동안 독신자들이 1백만 명 이상 사는 대도시 지역에서 주로 20, 30대 독신자들을 대상으로 사역해왔다. 만약 당신도 거기에 해당된다면, 애틀랜타는 살기에 딱 좋은 곳이다. 그리고 노스포인트는 출석하기에 더할 나위 없이 좋은 교회다. 우리 회중의 1/3 이상이 독신자들로 구성되어 있다. 우리는 7:22라고 불리는 주간 성경 공부 모임을 진행하고 있는데, 매주 화요일 밤 2,500명 이상의 대학생들과 독신자들이 참석하고 있다. 그 사역에 관여하는 동안 이 지구상에서 가장 훌륭한 그리스도의 제자들과 함께 일했다. 그들은 하나님의 목적을 위해 자신의 현재 삶을 기꺼이 활용할 줄 아는 사람들이었다. 그러나 그들과 대화하면서 데비와 같은 외로움을 경험하고 있는 사람들이 적지 않다는 사실을 발견했다. 대도시에 살면서 남부럽지 않은 회사에 근무하고 규모가 큰 성경 공부 모임에 참석하고 있지만, 그들은 여전히 외로움을 느끼고 있었다. 문제는 알고 지내는 사람들의 수가 아니었다. 그들은 많은 사람들과 알고 지냈지만, 정작 그들을 제대로 아는 사람은 아무도 없었다. 그 원인이 단순히 그들이 독신이기 때문이라고 말할 수는 없다. 많은 부부들도 자신들도 똑같은 경험을 했노라고 말할 것이다. 결혼한다고 해서 고독과 관련된 공허함이 사라지는 것은 아니다.

우리는 관계를 갈망하는 문화 속에서 살고 있다. 많은 사람들이 군중 속에서도 외로움을 느끼며 살아가고 있다. 우리는 인간의 바다에서 살고 일하지만, 정작 의미 있고 정기적인 관계의 혜택들은 놓치고 있는 것이다. 다음

장에서는 우리 문화의 건강하지 못한 이 현실에 대해 하나님이 왜 그렇게 걱정하시는지 살펴보도록 하자.

> "미국인들은 이 세상에서 가장 외로운 사람들이다."
> - 조지 갤럽

당신의 공동체를 만들라   CREATING YOUR COMMUNITY

1. 당신이 지금까지 유지하고 있는 의미 있는 관계를 설명해보라. 그 관계를 그렇게 의미 있게 만든 것은 무엇인가?

2. 오늘날 사람들이 그렇게 외로운 이유는 무엇인가?

3. 사람들이 진정으로 공동체를 원하고 있다고 생각하는가? 그 이유는 무엇인가?

4. 사람들이 무엇을 찾고 있다고 생각하는가?

5. 가장 최근에 이웃과 의미 있게 상호 작용했던 때를 설명해보라.

2장
CREATING COMMUNITY

다 괜찮은 것은 아니다

내게는 밴(Van)이라는 이름의 사랑스러운 조카가 있다. 세 집만 가면 그 집에 갈 수 있을 만큼 가까운 우리는 여러 해 동안 이웃에 살았기 때문에, 많은 시간을 함께 보낼 수 있었다. 사실, 내가 생전 처음 갈아본 기저귀가 바로 밴의 것이었다. 밴과 그의 여동생에 대한 즐거운 추억은 주로 휴일과 집안 행사와 관련이 깊지만, 그들과 가장 즐거운 시간을 보냈던 기억은 그들이 우리 집에서 하룻밤을 보낼 때였다. 자녀가 없던 우리 부부는 그들이 우리 집에 방문할 때마다 즐거운 추억거리를 만들어주려고 애를 썼다. 대개는 집안에 웃음소리가 끊이지 않았고, 가끔 쇼핑몰에서 즐거운 시간을 보내기도 했다.

　밴은 이제 기타를 멋지게 연주할 줄 아는 15살 소년이 되었고, 그리스도와도 신실한 관계를 맺고 있다. 우리는 하나님이 빚으셔서 멋진 사내로 성장하는 그를 매우 자랑스럽게 생각한다. 그 또래의 다른 청소년들처럼, 밴도 속어를 꽤 잘 안다. 그가 친구들과 대화하는 내용을 가끔 들어보면 꽤 흥미롭다. 만약 당신에게 10대 자녀가 있다면, 무슨 말인지 이해할 수 있을 것이다. 내가 그에게 요즘 어떻게 지내냐고 물어보면, 그는 십중팔구 "다 괜찮아요(It's all good)"라고 대답한다. 필요한 것이 있냐고 물었는데 필요한 것이 없을 경우에도, 그는 "전 괜찮아요(I'm good)"라고 말한다. 10대들이 쓰는 말 가운데 "잘 지내요(fine)"라든지 "아니요(no)"라는 단어는 더 이상 존재하지 않는 것 같다.

　앞 장에서 이미 지적했듯이, 우리들 대부분이 살아가는 방식은 결코 '다 괜찮은(all good)' 상태가 아니다. 그것은 우리가 본래 고독한 상태로 살도록 창조되지 않았기 때문이다. 우리는 관계적인 존재(relational beings)로 창조되었다. 모든 사람은 당연히 자신의 타고난 배경과 기질에 따라 다양한 관계적 필요를 가지고 있다. 분명한 사실은 어느 누구도 본래 의미 있는 관계로부터 멀리 떨어져 혼자 살아가야 하는 운명을 가지고 태어나지는 않았다는 것이다. 어느 작가가 기록했듯이, "아무 연고도, 깊은 관계도 없이 홀로 외롭게 살아가면서 의미 있고 기쁨이 충만한 삶을 살아가는 사람은 결코 없다."[5] 하지만 이미 논의했듯이, 불행히도 그것이 바로 많은 사람들이 선택한 삶의 방식이다. 우리는 많은 사람들에 둘러싸여 살아가지만, 철저하게 외로운 삶을 경험하고 있다. 어느 비평가가 말한 것처럼 그렇게 많은 사람들이 '군중 속의 고독(crowded loneliness)'을 경험하며 외로움과 고독을 느끼면서 살아가는 것은 어찌 보면 당연한 일이다.⁶ 하지만 그것은 하나님이 본래 의도하신 바가 아니다.

본래의 계획

창세기 1-2장은 천지 창조에 대한 설명뿐만 아니라, 하나님이 우리 인간에게 어떤 '삶을 살아가도록' 계획하셨는지에 대해서도 알게 해준다. 한동안 그 부분을 읽지 않았다면, 새로운 눈으로 다시 들여다보기 바란다. 그것은 하나님의 무한한 능력을 상기시켜주는 놀라운 기록이다. 아무 힘도 들이지 않고, 하나님은 놀라운 창조력으로 하늘과 땅과 그 속에 있는 모든 것을 창조하신다. 하나님이 6일 동안 끝내실 수 있었던 일의 넓이와 깊이는 성과 지향적인 A형 사람들에게는 정말로 놀라운 것이다. 완전히 자동 생산 아닌가! 그러나 다시 한 번 강조하건대, 어느 누구도 하나님과 같을 수는 없다. 그분은 유일무이한 하나님이시다.

그분의 창조가 대성공을 거둘 때마다, 되풀이해서 나타나는 구절이 있다. 하나님이 6차례에 걸쳐 무언가를 창조하셨을 때마다, 성경은 "하나님의 보시기에 좋았더라"고 기록하고 있다. 빛에서 가축에 이르기까지 그분의 창조물에 대한 평가는 한결같다. 보기에 좋다. 하나님이 기뻐하신다. 모든 것이 그분이 의도하셨던 대로 되었다. 그런 다음 6일 날, 드디어 인간이 등장한다. 하나님의 창조력이 절정에 달한 것이다. 하나님은 그 마지막 창조물을 무척 기뻐하신다. 그리고 지난 6일 동안 만든 모든 창조물에 대해 종합 평가를 내리실 때 마침내 평가가 달라진다. 마지막 창조물이 추가되자 하나님이 창조하신 모든 것들은 그저 좋은 정도에 그치지 않는다. 이제는 하나님이 보시기에 심히 좋았던 것이다.7 하나님의 소중한 창조물인 인간이 저울 한쪽으로 무게 중심을 옮겼다. 마지막으로 인간이 창조되자, 하나님은 최고 등급인 별 5개를 부여하셨다.

그러고나서 예기치 않은 일이 일어난다. 하나님은 인간을 위한 그분의 계획과 의도를 좀더 자세히 설명한 후, "다 괜찮은 게 아니군" 하고 말씀하신다. 그 시점까지는 모든 것이 그분의 의도대로였다. 그러나 창세기 2장 18절에서 하나님은 무언가 잘못되어 있음을 지적하신다. "사람의 독처하는 것이 좋지 못하니"라고 말씀하신 것이다. 오랜 세월 동안 이 구절은 결혼이라는 정황 속에서 인용되어왔다. 당연하다. 그러나 나는 그 구절에는 결혼 관계에 대한 긍정 이상의 의미가 있다고 믿는다. 그 구절의 핵심은 다른 사람들과 올바른 관계를 맺는 것의 중요성을 기술하고 있다. 결혼 관계는 그런 현실을 가장 의미 있게 보여주는 실례일 뿐이다.

존 오트버그(John Ortberg)는 그 구절에 대해 다음과 같이 유용한 설명을 했다.

> 흥미로운 점은 인류가 아직 타락하지 않은 시점이라는 것이다. 하나님과 인간 사이의 관계를 훼손시킬 만한 것은 죄도, 불순종도, 아무것도 없었다. 따라서 인간은 하나님과 완벽하게 친밀한 관계를 유지하고 있었다. 하나님과 인간이 나누는 대화는 하나같이 친밀함과 기쁨으로 가득 차 있었다. 서늘한 때가 되면 그는 하나님과 함께 에덴 동산을 산책했다. 전능하고 사랑이 충만하신 창조주가 그를 속속들이 알고 계실 뿐만 아니라, 극진히 사랑하셨다. 그러나 하나님은 그를 묘사하는 데 '홀로(alone)'라는 단어를 사용하셨고, 그 홀로 있음(aloneness)이 '좋지

못하다'고 말씀하셨다.

가끔 교회 모임에서 외로움을 느끼는 사람들에게 우리는 인간 관계에 너무 많은 것을 기대하지 말라고 권한다. 모든 인간 속에는 하나님 형상의 공허감(God-shaped void)이 존재하며, 다른 어떤 인간도 그것을 채워줄 수 없다는 말도 한다. 맞는 말이다. 그러나 창세기 저자에 의하면, 하나님은 분명 인간 안에 그분 자신도 채워주지 못하는 일종의 '사람 형상의 공허감(human-shaped-void)'을 만들어놓으셨다.

다른 어떤 대체물도 인간 관계에 대한 그 내면의 욕구를 채워줄 수 없다. 돈, 업적, 사업, 양서도 그것을 채워주지 못한다. 심지어 하나님 자신도 마찬가지다. 비록 죄 없는 완벽한 상태였지만, 인간은 '혼자'였다. 그리고 그것은 '좋지 못했다.'[8]

여기저기서 이런 소리가 들리는 것 같다. "상기시켜주셔서 감사하군요. 홀로 살아가는 삶이 좋지 않다는 사실은 저도 절감하고 있습니다. 사실, 고약한 일이죠." 그 말이 맞을 것이다. 우리 속에 있는 '사람 형상의 공허감'이 채워지지 않는다면, 다시 말해 우리가 고독 속에서 홀로 삶을 살아간다면, 그것은 분명 좋지 않다. 그리고 거기에는 그럴 만한 이유가 있다.

고독의 병

우리가 의미 있는 관계를 맺지 않을 때, 우리는 알게 모르게 고통을 받는다. 여러 가지 관계적 폐해가 일어날 가능성이 높다.

삶에 대한 관점 상실

우리가 고독 속에서 살아갈 때는 삶에 대한 관점을 잃어버리기 쉽다. 균형 잡힌 시각으로 우리를 이끌어줄 객관적인 목소리가 전혀 없기 때문이다. 우리의 자존감은 더 낮아지고, 교만은 더 높아지는 경향이 있다. 시각은 점차 더 흐려지고, 상황은 실제보다 더 나쁘게(혹은 좋게) 보이기 십상이다. 우리에게 '진북(truth north)' 방향을 다시 가르켜줄 사람들이 없을 때는 단순한 결정이 삶보다 더 커보이고, 의사 결정은 더 충동적이 될 수도 있다.

그리고 절대로 잊지 말아야 할 사실을 우리는 쉽게 잊어버린다. 그리스도인으로서 우리가 영적 전쟁중에 있다는 관점을 잃어버리기 쉽다. 우리에게는 진짜로 무서운 적이 있으며, 그가 항상 활동하고 있다는 사실을 잊고 살 수도 있다. '우리의 싸움은 혈과 육에 대한 것이 아니라는 점', 우리 적의 가장 성공적인 전략은 우리를 쉽게 공격하고 파괴할 수 있도록 우리를 고립시키는 것이라는 사실을 시야에서 놓칠 수 있다.⁹ 양이 무리 가운데 있을 때는 결코 공격받지 않는다. 무리로부터 떨어져 홀로 고립되어 있을 때 공격당하는 것이다.

> 양이 무리 가운데 있을 때는 결코 공격받지 않는다. 무리로부터 떨어져 홀로 고립되어 있을 때 공격당하는 것이다.

친교에 대한 두려움

의미 있는 관계를 맺지 못하는 사람들은 친교를 지나치게 두려워하는 경향이 있다. 친밀한 우정을 경험해본 적이 없는 사람은 그런 종류의 관계에 대해 더 많이 두려워하는 경향을 보인다. 친밀함을 두려워하는 사람들은 다른 사람이 자신을 제대로 알게 되면 좋아하지 않을 것이라고 생각한다. 그래서 거부당하는 위험을 감수하느니 차라리 고립을 선택한다. 여담이지만, 가장 좋은 결혼 준비 가운데 하나가 소그룹에 참여하는 것이라고 생각하는 것도 그 때문이다. 만약 결혼 전에 몇몇 친구들과 친밀하고 진솔하게 사귀는 방법을 배운다면, 결혼한 이후에 친밀함을 두려워할 필요가 그만큼 사라지는 것이다. 그들이 결혼이라는 새로운 인생 단계로 들어설 때, 투명성(transparency)에 대한 지난 경험이 그들에게 자신감을 줄 수 있기 때문이다.

이기심

홀로 살아가는 사람들은 보다 이기적인 경향이 있다. 고독은 이기심을 낳기 때문이다. 스케줄과 관심사, 필요, 욕망이 자기 삶을 정의하고 있는 사람은 자신의 이기심 때문에 고통당할 가능성이 높다. 홀로 살아가는 사람은 시간이 흐를수록 자기도취에 빠지게 된다. 그러다 결국 관계 단절의 치명적인 부작용 가운데 하나에 굴복하고 만다. 바로 자기 중심주의(self-centeredness)다. 그렇게 되면, 아주 좁은 렌즈를 통해 삶을 바라보며 근시안적으로 살아갈 수밖에 없다.

건강 악화

홀로 살아가는 사람들은 의미 있는 관계 속에서 살아가는 사람들보다 질병이나 건강 악화에 노출될 위험성이 훨씬 크다. 존 오트버그(John Ortberg)는 그의 책 「당신이 그들을 알기 전까지는 모두가 정상이다(Everybody's Normal Till You Get to Know Them)」에서 9년 동안 7,000명의 삶을 추적하여 관계에 관해 진단한 어느 연구를 언급한다.

가장 고립된 환경에서 사는 사람들이 견고한 관계로 맺어진 사람들보다 사망 확률이 3배나 높다는 사실을 발견했다. 흡연이나 건강하지 못한 식사 습관, 비만, 음주처럼 해로운 건강 습관을 가지고 있지만 견고한 사회적 관계 속에서 살았던 사람들은 훌륭한 건강 습관을 가지고 있지만 고독한 삶을 살았던 사람들보다 훨씬 더 오래 살았다. 다시 말해, 혼자서 브로콜리를 먹는 것보다는 친한 친구들과 함께 트윙키(Twinkies- 미국에서 인기 있는 스펀지 케이크의 일종 - 옮긴이)를 먹는 것이 더 낫다는 말이다.10

사실, 애틀랜타에서는 언제나 트윙키보다는 크리스피 크림 도넛을 더 선호하는 편이기는 하지만, 무슨 말인지 이해했을 것이다. 견고한 관계는 엄청난 도움이 된다는 뜻이다. 심지어 우리의 건강 면에서도 말이다.

임상 심리학자 헨리 클라우드(Henry Cloud) 박사는 자신의 글에서 비슷한 연구 결과를 보여주는 두 가지 보고서를 인용했다. 그 두 보고서의 결론은 의미 있는 관계의 중요성을 뒷받침하고 있다. "다른 사람들과 관계를 맺고 사랑하는 인간의 능력은 정신 건강과 육체 건강의 기초가 된다. 이 연구는 우리가 사랑하는 관계, 다시 말해 긴밀한 유대 관계 속에 있을 때 성장한다는 사실을 보여준다. 홀로 고립되어 있을 때 우리는 서서히 죽어가게 된다."11

의미 있는 관계 없이 살아가는 삶은 좋지 않다. 그것은 하나님이 본래 우리에게 의도하신 삶이 아니기 때문이다. 고독은 엄청난 폐해를 초래하는 관계의 질병을 동반하는 경향이 있다. 하지만 고독이 좋지 않은 또 다른 이유는, 우리는 원래 관계를 위해 창조된 존재이기 때문이다. 홀로 사는 삶은 우리 속에 담긴 하나님의 형상을 제대로 반영하지 못한다.

> 홀로 사는 삶은 우리 속에 담긴 하나님의 형상을 제대로 반영하지 못한다.

하나님의 형상대로

지금은 5살이 된 딸 베일리(Bailey)를 우리는 축복 속에 얻었다. 모든 아이들이 그들의 부모에게는 특별하겠지만, 베일리는 내게 더 특별한 존재다(정상적인 아버지라면 어느 누가 그렇게 생각하지 않겠는가?). 베일리를 얻기 위해 오랜 세월을 기다려야 했기 때문이다. 매년 아이를 고대하는 부부들의 수가 점점 더 늘어나고 있다. 우리도 다른 부부들처럼 첫 아이를 낳기까지는 당초 예상보다 훨씬 오랜 시간이 걸렸다. 정확히 말하면, 13년 정도 더 걸린 셈이다. 그러나 믿을 수 없을 정도로 놀라운 선물을 받은 지금은 육아의 기쁨을 톡톡히 누리고 있다.

베일리의 놀라운 활동성은 우리가 누리는 즐거움이면서 동시에 직면하는 도전 중 하나다. 베일리는 잠시도 가만히 있지 않을 뿐만 아니라 여러 친구들과 어울리기를 무척 좋아한다. 현재 5살인 그 아이에게는 내성적인 구석이라곤 전혀 없어보인다. 말하기도 좋아하고, 노래 부르기도 좋아하며, 놀기도 좋아하고, 사람들 앞에서 재롱떨기도 잘한다. 그리고 외향적인 여느 아이들과 마찬가지로, 사람들이 주위에 있을 때 더 신이 나서 그런 것들을 하는 경향이 있다. 최근 어느 파티에서 한 친구가 베일리의 외향적인 성격에 대해 이렇게 말했다. "참 놀라워. 베일리가 빌과 똑같은 걸 보면 말이야.

둘의 성격이 어쩌면 그렇게 똑같이 닮았는지."

분명한 것은 우리 모두가 우리 아버지(Father)의 형상을 따라 창조되었다는 사실이다. 하늘에 계신 우리 하나님 아버지 말이다. 그리고 그 하나님은 관계적인 존재이시다. 그분은 성부 하나님, 성자 하나님, 성령 하나님처럼 하나의 본질 안에 세 인격으로 존재하신다. 창세기 1장 26절에서 하나님은 "우리의 형상을 따라 우리의 모양대로 우리가 사람을 만들자"라고 말씀하셨다. 온 인류와 관계를 맺고 싶어하시는 그 하나님은 언제나 의미 있는 관계에 대해 알고 계셨다. 창세 전부터 지금까지 늘 말이다. 그리고 계속해서 이어지는 다음 구절을 놓치지 말라. "하나님이 자기의 형상, 곧 하나님의 형상대로 사람을 창조하시되"(27절). 하나님은 의미 있는 관계 속에서 존재하신다. 그리고 우리도 그런 수준의 관계 속에서 존재하도록 창조되었다. 의미 있는 관계에 대한 욕구는 우리가 지닌 유전적 기질의 중요한 부분이다. 하나님은 관계적 존재이며, 그분의 귀중한 창조물인 당신과 내게도 의미 있는 관계에 대한 욕구를 주셨다.

그것이 바로 홀로 사는 삶이 하나님 보시기에 '좋지 않은' 이유다. 하나님은 우리가 그런 삶을 살도록 창조하지 않으셨기 때문이다. **홀로라든가 고독이라는 말은 그분의 자녀를 묘사하는 데 사용되어서는 절대 안 되는 단어들이다.** 우리는 본래 다른 사람들과 가치 있고 의미 있는 관계를 추구하고자 하는 강한 욕구를 갖도록 창조되었기 때문이다. 그것이 없이는 우리를 창조하신 하나님의 형상을 제대로 반영하지 못한다. 그리고 그것이 없다면 우리에게 나쁜 일들만 일어난다. 삶에 대한 관점을 상실하고, 친밀함에 대한 두려움을 느끼며, 이기심에 사로잡히고, 건강이 악화되기도 한다.

헨리 클라우드(Henry Cloud)는 그 부분에 대해 다음과 같이 적절하게 설명해준다. "하나님은 우리가 관계에 대한 갈망을 품고 살도록 창조하셨다. 그분과의 관계뿐만 아니라, 동료 인간들과의 관계에 대해서도 마찬가지다. 골수 깊은 곳에서부터 우리는 분명 관계적 존재들이다." 그는 계속해서 이렇게 말한다. "다른 사람들과 관계를 맺지 않고서는 결코 영혼이 잘될 수 없다."[12]

그렇다면, 우리를 그런 종류의 유대 관계로 이끄는 하나님이 열망하시는 것은 무엇인가? 자, 이제 크리스피 크림 도넛을 함께 나누고 잠시 휴식한 뒤, 다음 장으로 넘어가보자. 그러면 그 해답을 찾을 수 있을 것이다.

당신의 공동체를 만들라

CREATING YOUR COMMUNITY

1. 다른 사람들로부터 떨어져 고립된 상태에서 기쁨이 충만한 삶을 살 수 있을까?

2. 의미 있는 관계를 맺으며 살지 못했던 시기에 대해 이야기해보라. 그 결과는 무엇이었는가? 몇 가지만 말해보라.

3. 우리 안에 심지어 하나님 자신도 채워주시지 못하는 욕구가 있다는 이야기에 동의하는가?

4. 고독 속에서 살아가는 사람들에게 나타날 수 있는 여러 가지 결과들을 살펴보았다. 어떤 것에 가장 공감하는가?
   a. 삶에 대한 관점 상실
   b. 친밀함에 대한 두려움
   c. 이기심
   d. 건강 악화
   e. 기타

5. 공동체 속에서 살아가는 것은 하나님의 형상을 어떻게 반영하는가?

3장

CREATING COMMUNITY

하나님이 꿈꾸시는 공동체

　모든 사람들에게는 꿈과 희망이 있다. 우리 모두 평생 하고 싶거나 성취해내고 싶은 것이 있기 마련이다. 그것은 이상적인 직업을 갖거나, 마라톤을 완주하는 것일 수도 있고, 재정적으로 자유로워지는 것일 수도 있다. '완벽한' 자녀를 갖는 것일 수도, 멋진 집에서 사는 것일 수도 있으며, 자기만의 벤처 사업을 시작하는 것일 수도, 꿈 같은 휴가를 떠나는 것일 수도 있다. 우리는 모두 꿈을 먹고 산다. 당신의 꿈은 무엇인가?

　하나님도 당신과 나에 대해 꿈을 가지고 계시다는 사실을 알고 있는가? 어떤 사람들은 우리가 앞으로 무엇을 할지, 누구와 결혼할지, 우리의 삶을 통해 무엇을 성취할지에 대해서만 하나님이 관심을 가지고 계신다고 생각한다. 그러나 하나님은 사랑이 넘치는 여느 아버지와 마찬가지로, 자기 자녀들에게 궁극적으로 행복과 만족과 기쁨을 가져다줄 모든 것을 꿈꾸신다. 우리 삶에 성취감을 가져다줄 자신이 아는 모든 것들을 꿈꾸신다. 우리를 향하신 하나님의 가장 큰 꿈 가운데 하나가 진정한 공동체(authentic community)라고 믿는 것도 그 때문이다. 그분과 하나 됨(oneness)으로 그리고 우리가 서로 하나 됨으로 그 특징이 가장 잘 드러나는 그런 종류의 의미 있는 관계 말이다.

> 우리를 향하신 하나님의 가장 큰 꿈 가운데 하나는 진정한 공동체다.

실현 가능한 꿈

요한복음 17장에 기록된 예수님의 말씀에서 우리를 향하신 하나님의 꿈을 읽을 수 있다. 이것은 사실 그분의 기도에 대한 기록이다. 예수님은 십자가를 향해 나아가면서 자신을 위해 기도하지 않고, 뒤에 남겨둘 사람들을 위해 기도하신다. 그분의 삶이 거의 끝나갈 무렵, 마음 가장 깊은 곳에 품은 꿈, 가장 중요하게 생각한 것을 드러내신다. 나의 친구 빌 도나휴(Bill Donahue)와 러스 로빈슨(Russ Robinson)은 그들의 저서 「소그룹 중심의 교회를 세우라(Becoming a Church of Small Groups)」에서 이 부분에 대한 통찰력 있는 의견을 제시했다.

죽음에 직면한 사람은 대화할 때 자신의 가장 깊은 열정과 소망과 꿈을 드러낸다는 말을 종종 듣는다. 우리가 어떻게 해서든지 유언을 이행하려고 노력하는 것도 그 때문이다. 예수님은 최후의 순간에 우리에게 그분의 주요 관심사가 무엇인지 알 수 있는 단서를 주셨다.[13]

예수님의 기도를 통해 그분의 초점이 자기 제자들에게 있었다는 사실을 분명히 알 수 있다. 자신의 제자들이 서로 경험하게 될 관계의 깊이에 주님은 깊은 관심을 쏟으셨다. 이 기도 내용에 주목하라. "나는 세상에 더 있지 아니하오나 저희는 세상에 있사옵고, 나는 아버지께로 가옵나니 거룩하신 아버지여, 내게 주신 아버지의 이름으로 저희를 보전하사 우리와 같이 저희도 하나가 되게 하옵소서."[14]

"우리와 같이 저희도 하나가 되게 하옵소서." 이 기도의 중요성은 아무리 강조해도 지나치지 않다. 예수님의 제자들은 3년 내내 그분을 실망시키고 오해했을 뿐만 아니라, 결국은 그분을 버릴 것이다. 그러나 그분은 그들이(다시 말해 당신이나 나와 같은 인간들이) 놀라운 무언가를 체험하기를 간구하고 계신다. 예수님은 자신이 창세 전부터 삼위일체의 한 위격으로서 향유해왔던 것과 똑같은 수준의 관계를 그들도 서로 경험하기를 기도하셨다. 이 부분의 중요성을 이해하려면 그런 수준의 관계가 실제로 어떤 모습인지 살펴볼 필요가 있다.

서로를 향해 독특하면서도 확고한 관계를 표현하고 있는 삼위일체 하나님(성부 하나님, 성자 하나님, 성령 하나님)을 성경 전체에서 볼 수 있다. 그들은 서로를 기뻐하고(창 1:26), 서로를 격려하며(마 3:17), 서로 지원한다(요 14:25). 또한 서로 사랑하며(막 9:7), 서로를 존중하고(요 14:10), 서로를 영화롭게 하고(요 17:1) 있다. 서로 칭찬하는 사회(mutual admiration society)가 떠오르는가? 정답이다. 그렇게 사심 없는 행동들에 대해 어찌 칭찬하지 않을 수 있겠는가? 그 섬김과 지지의 표현들을 어찌 사랑하지 않을 수 있겠는가? 이런 종류의 관계들은 우리 영혼에 생명력을 불어넣는다.

오트버그(Ortberg)는 이렇게 말하고 있다.

> 진정한 공동체에 대한 경험이 우리에게 활력을 주는 이유는 바로 그 때문이다. 우리는 생명이신 그분과의 교제 속에 자리 잡고 있다. 홀로 고립되어 있을 때는 외로움을 느낀다. 공동체 속에 있을 때는 '마음의 풍요(fullness of heart)'라고 불릴 수 있는 것을 경험하게 된다. 마음 문을 스스로 걸어 잠그고 있으면, 영원히 공허함을 느낄 수밖에 없다. 사람의 마음은 공동체 속에서, 특히 거룩한 공동체 속에서 활기를 띠게 된다.[15]

예수님의 기도는 제자들이 생명력을 주는 그런 종류의 관계들을 서로 경험하기를 기원하는 내용이었다. 그것은 우리 마음이 활기를 띠게 만드는 그런 종류의 관계다. 그리고 오직 하나님 그분으로부터만 생겨날 수 있는 그런 종류의 관계다.

열린 초대

예수님의 기도가 그분의 제자들만을 위한 것이었다고 이해할 수도 있다. 무엇보다도, 그들은 갈릴리와 유대 지역을 두루 돌아다니며 3년이라는 세월을 함께 지내지 않았던가. 그러나 그분의 기도는 단지 그들만을 위한 것이 아니었다. 요한복음 17장 20-21절은 그 점을 분명히 밝히고 있다.

"내가 비옵는 것은 이 사람들만 위함이 아니요 또 저희 말을 인하여 나를 믿는 사람들도 위함이니, 아버지께서 내 안에, 내가 아버지 안에 있는 것 같이 저희도 다 하나가 되어 우리 안에 있게 하사 세상으로 아버지께서 나를 보내신 것을 믿게 하옵소서."

예수님의 생명을 주는 관계로의 초대는 제자들을 통해 믿음에 이르게 될 사람들에게도 유효한 것이었다. 그리고 거기에는 우리도 포함되어 있다! 놀라운 은혜가 아닌가? 예수님의 기도는 삼위일체 하나님이 항상 경험해오셨던 것과 같은 의미 있는 관계를 모든 신자들이 서로 경험하게 될 것이라는 내용이다. 성부, 성자, 성령 하나님이 서로에게 그렇게 해오셨듯이, 상호 격려와 지원, 사랑, 존중, 경의 등과 같은 특징들이 우리가 서로 맺는 관계에서도 나타나게 될 것이다. 그것이 바로 그분의 기도였고, 지금도 우리를 향해 품고 계신 그분의 꿈이다.

모든 그리스도의 제자가 그런 독특한 종류의 관계적 삶을 서로 주고받으며 경험하는 것도 매우 중요하지만, 그 이로움은 단지 우리 자신에게만 머무르지 않는다. 그런 삶은 우리를 지켜보는 세상에도 영향을 미친다. 21절을 마무리하는 예수님의 말씀에 주목하라. "세상으로 아버지께서 나를 보내신 것을 믿게 하옵소서."

그 말씀의 중요성을 느끼는가? 믿지 않는 자들의 눈에 비치는 예수님의 삶과 메시지의 신뢰성은 그분의 제자인 우리가 서로 맺는 관계의 방식에 달려 있다는 말씀이다. 어떤 식으로든 그들의 믿음과 우리의 행위는 서로 관련되어 있다. 예수님은 마치 믿지 않는 사람들이 이제 막 믿으려고 기다리고 있는 것처럼 말씀하신다. 문제는 그들이 거부할 수 없을 정도로 매력적인 방식으로 서로 관계 맺는 우리의 모습을 보게 될 것인가 하는 점이다. 예수님이 앞서 말씀하신 이 성경 구절을 기억하는가?

"새 계명을 너희에게 주노니 서로 사랑하라 내가 너희를 사랑한 것같이 너희도 서로 사랑하라 너희가 서로 사랑하면 이로써 모든 사람이 너희가 내 제자인 줄 알리라."[16]

이것이 얼마나 중요한 문제인지 이해하고 있는가? 우리가 공동체를 향하신 예수님의 꿈 외에는 다른 어떤 것에도 안주할 수 없는 이유를 이제 알겠는가? 그것은 복음의 신뢰성이 걸린 문제이기 때문이다!

프란시스 쉐퍼(Francis Schaeffer)가 적절히 지적했듯이, "우리가 서로 맺는 관계는 이 세상이 우리 메시지의 진실성을 판단하는 데 사용하는 기준이다. 기독교 공동체가 최후의 변증(辨證)이라는 의미다."[17]

"기독교 공동체는 최후의 변증이다."
- 프란시스 쉐퍼

공동체로서의 교회

1부를 시작하면서 모든 사람들에게 공동체가 필요하다는 사실을 이미 강조한 바 있다. 우리는 고독한 사회 속에서 살고 있다. 의미 있는 관계의 혜택을 거의 누리지 못하고 있는 것이다. 주변에 수많은 사람들과 함께 살고 일하지만 대부분의 사람들은 홀로 살아가는 삶을 선택했다. 그것은 분명

하나님이 의도하신 바가 아니다. 관계적 속성을 지닌 하나님은 우리를 의미 있는 관계에 대한 욕구를 품고 살아가도록 창조하셨다. 그래서 우리가 서로 잘 연결되어 있지 않을 때는 나쁜 일들이 뒤따를 수밖에 없다.

우리에게는 우발적인 것 이상의 관계가 필요하다. 우발적인 관계는 생명력을 불러일으키지 못한다. 그런 관계는 예수님이 꿈꾸신 것, 목숨까지 바치면서 그분이 이루고자 했던 것을 줄 수 없다. 세상이 주목하는 종류의 하나님과의 하나 됨이나 우리 서로 간의 하나 됨을 줄 수 없다. 우리에게 필요한 관계는 하나님이 사람들의 마음속에 역사하시는 그런 관계다. 사람들의 삶을 변화시키는 그런 종류의 관계다. 오직 교회 공동체만이 그런 종류의 관계적 하나 됨(relational oneness)을 보여줄 수 있다. 오직 그리스도의 몸을 통해 일하시는 하나님의 성령만이 그런 차이를 만들어낼 수 있다.

랜디 프래이지(Randy Frazee)는 그것을 이렇게 표현한다.

> 모든 구성원이 강한 소속감을 지닐 수 있는 의미 있는 관계를 개발하는 것은 교회의 중요한 존재 목적이다. 이것이 바로 하나님이 선택하신 백성들의 모임이며, 그 힘은 너무 강력해서 "음부의 권세조차도 이기지 못할 것이다."[18]

진정한 공동체가 생겨날 수 있는 환경을 만드는 것, 그것이 바로 하나님이 교회에 맡기신 사명이다. 그것은 사람들이 하나님과의 하나 됨과 서로 간의 하나 됨을 경험함으로 말미암아 삶의 변화를 체험하는 관계적인 공동체를 구축하는 것이다. 너무나 만족스럽고 너무나 독특하며 너무나 매력적이어서 우리를 지켜보는 세상이 갈증을 느낄 수밖에 없는 그런 공동체다.

그렇다면, 그런 종류의 공동체를 만드는 일에 어떻게 착수해야 할까? 하나님의 꿈을 실현시키려면 우리가 어떤 일을 해야 하는가? 더 많은 사람들이 예수님의 기도를 체험하도록 해주는 전략은 무엇인가? 이제부터 살펴보도록 하자.

하나님이 교회를 부르신 것은 진정한 공동체가 생겨날 수 있는 환경을 조성하기 위해서다.

당신의 공동체를 만들라 CREATING YOUR COMMUNITY

1. 하나님의 백성들을 향한 그분의 꿈 가운데 하나가 공동체라는 사실에 동의하는가? 그것이 왜 그렇게 중요한가?

2. 지금까지 당신의 신앙 여정에서 공동체는 어떤 역할을 해왔는가?

3. 믿지 않는 사람들에게 매력적으로 보이는 공동체의 특징들은 무엇인가?

4. 공동체가 기독교를 증거하는 '최후의 논증(final argument)'이라는 생각에 동의하는가? 왜 그런가, 혹은 왜 그렇지 않은가?

5. 교회가 일부러 공동체를 육성해야 하는 까닭은 무엇인가? 교회에서 맞닥뜨리는 우발적이고 일시적인 관계에만 의존할 수 없는 이유는 무엇인가?

CREATING COMMUNITY

리더들은 명료한 사명 의식을 필요로 한다

4장

CREATING COMMUNITY

목표를 분명히 하라

노스포인트 커뮤니티 교회(North Point Community Church)가 창립된 첫해에 우리는 애틀랜타의 갤러리아 컨벤션 센터(Galleria Convention Center)에서 모였다. 새로 개척된 교회의 모임 장소로는 전혀 어울리지 않았지만, 우리의 시작 역시 결코 전형적인 모습은 아니었다. 초창기부터 많은 사람들이 예배에 참석했다. 직원은 6명이었고, 예배는 격주로 주일 저녁에 드렸다. 우리의 첫 번째 예배 반주는 오디오 테이프였으며 1996년 하계 올림픽이 이곳에서 열렸을 때는 2달 동안 공백기를 갖기도 했다.

사람들은 가끔 우리에게 교회 개척에 대해 묻곤 한다. 사실, 우리는 그

부분에 대해 별로 아는 것이 없다. 우리의 첫해는 전혀 전형적이지 않았으니까 말이다.

무엇이 핵심인가?

나는 교회 창립을 돕기 위해 갤러리아를 방문했던 어느 주일 오후를 결코 잊지 못할 것이다. 갤러리아는 애틀랜타의 중심 고속도로인 I-75와 I-285가 교차하는 지점에 위치했다. 갤러리아에는 그 지역을 알리고 그 시설을 사용하는 단체를 광고해주는 최첨단 전자식 광고판이 설치되어 있다. 매일 수천 대의 차량이 그 컨벤션 센터 옆을 지나다니기 때문에, 광고와 홍보 측면에서 그 광고판의 효과는 대단히 컸다.

그날 밤, 자동차를 타고 컨벤션 센터로 접근하던 나는 광고판을 보고 깜짝 놀랐다. 그 광고판에는 이렇게 씌어 있었다.

No Point Church

'North Point Community'도 아니고, 'North Point CC'나 'North Pt. CC'도 아니고, 'No Point Church'라니. 아이쿠! North Point Community Church를 한 화면에 다 담을 수 없어서 광고 담당자가 자기 마음대로 창의력을 발휘한 게 틀림없었다.

그 해프닝이 그날 밤 내내 농담거리가 되었음은 당연지사다. 덕분에 우리는 매우 유쾌한 시간을 보낼 수 있었다. 앤디(Andy)는 모인 사람들에게 '포인트가 없는(No Point)' 교회에 오신 것을 환영한다고 인사하면서, 그것이 바로 많은 교회들이 안고 있는 문제라는 사실을 상기시켜주었다. 많은 교회들은 핵심(point)을 놓쳤고 우리가 그 전철을 밟지 않기 위해서는 사명에 충실하도록 다짐할 필요가 있었다. 그 광고 문구는 그날 밤 우리에게 웃음을 선사했지만, 한편으로는 하나님이 우리에게 맡기신 사명에 충실해야 한다는 사실을 멋지게 상기시켜주었다.

그렇다면, 무엇이 핵심인가? 당신 교회의 핵심은 무엇인가? 당신의 사명은 무엇인가? 무엇이 당신의 목표인가?

> 당신 교회의 핵심은 무엇인가?

꿈꾸어야 할 시간

노스포인트가 처음 시작되었을 때, 우리에게는 시간이 무척 많았다. 3년 동안 격주로 주일 저녁에 예배를 드렸기 때문에, 핵심 리더들이 한 팀으로 함께 보내는 여유 시간이 많았던 것이다. 그러나 즐길 여유는 전혀 없었다. 오전 근무나 잦은 골프 모임을 상상할 수도 있겠지만 우리는 사실 모두 바빴다. 각자 감독해야 할 분야와 이끌어야 할 팀이 있었다. 그뿐 아니라, 모두가 자원 봉사자 모집이나 학생 사역, 독신자 사역, 가정 사역을 위한 환경 조성에 온 힘을 기울여야 했다. 일부는 등록과 구제 절차를 만들고 필요한 부동산을 조사했으며, 현재 우리가 사용하는 건물의 설계에도 관여해야 했다. 그리고 예배가 없는 주일에는 다른 교회들을 방문했다.

우리는 모두 바빴다. 그러나 대부분의 개척 교회들이 경험하는 '긴급한 일의 폭정'에 시달리지는 않았다. 매일이 주일같지는 않았다. 이 특별한 기간으로 인해 우리는 꿈꾸고, 토론하며, 전략을 짜고, 기도하는 귀중한 시간을 누릴 수 있었다. 매주 정규 모임뿐만 아니라, 계획 수립을 위해 별도의 장소에서 정기적으로 모이는 일에도 우선 순위를 두었다. 우리가 잠시라도 휴가를 떠날 수 있었던 것은 그 이후의 일이었다. 그 초창기 시절을 되돌아볼 때, 우리는 그 시간들이 하나님의 선물이었음을 깨닫게 된다. 그 시간들은 우리가 취할 방향과, 궁극적으로 내려야 할 의사 결정에 결정적인 역할을 했다.

세 가지 중대한 질문

그 당시 앤디(Andy)는 세 가지 중대한 질문을 중점적으로 토론하도록 했다. 우리는 그 질문들 가운데 어느 것 하나도 한 번의 모임으로 결론짓지 못했다. 사실, 결론을 내릴 수 있었던 것은 일련의 상호 작용 때문이었다. 아무 고통도 없이 금방 끝나는 과정은 아니었지만, 지금 생각해보니 그렇게 중요한 대화도 흔하지 않다. 그 세 가지 질문에 대해 명료한 답을 얻는 것이 우리의 사명과 전략과 가치관을 개발하고 실행하는 데 필수적이기 때문이다.

당신은 사람들이 어떤 존재가 되기를 원하는가?

우리가 답을 찾기 시작한 첫 번째 질문은 이것이었다. 우리는 사람들이 어떤 존재가 되기를 바라는가? 다시 말해, 우리 노력의 결과가 어떻게 드러나기를 원하는가? 모든 것이 전파되고 실행되었을 때, 우리가 영향을 미치고 있는 사람들의 삶에 무슨 일이 일어나기를 바라는가? 이 질문에 대한 답을 얻는 것은 나머지 두 질문에 대한 답을 찾는 데도 필수적이었다. 그것은 우리에게 사명의 **명료함**을 주는 것이기 때문이다.

대부분의 교회는 다음 두 부류 가운데 하나에 속한다.

기술 기반의 교회

일부 교회들은 **기술 기반의 교회**(skill-based churches)로 분류할 수 있다. 사람들이 특정 기술 분야에서 숙련되고 유능해지는 것이 그들의 일차적인 목표다. 그 결과, 그런 교회들은 교육 프로그램에 점점 더 많은 선택 사항을 추가함으로써 훈련과 개발에 노력을 기울인다. 그들은 많은 강의와 세미나, 더 늘어나는 훈련 과정, 더 잦은 수련회와 훈련 등 모든 것을 더 많이 추가한다. 결국 다다익선(多多益善)이 아닌가? 그러나 그들이 잊고 있는 점이 있다. 즉각적으로 더 많은 기회를 추가하는 것이 기존에 있는 다른 것들의 효율성을 약화시킬 수도 있다는 사실이다. 너무 많은 선택 사항은 정말로 중요한 것들의 효과를 떨어뜨리게 된다. 그리고 모든 것이 똑같이 중요하지는 않다.

성경 지식 중심의 교회

또 다른 부류의 교회들은 **성경 지식 중심의 교회**(Bible-knowledge churches)로 분류할 수 있다. 그들의 핵심 목적은 사람들이 성경적으로 박식해지도록 돕는 것이다. 그들은 성경의 모든 내용을 가르치는 것과 관련된 프로그램에 우선 순위를 둔다. 예배에서 강의에 이르기까지, 성인에서 아이들에 이르기까지 그들은 교인들이 성경에 대해 완벽한 지식을 갖기 원한다. 겉보기에는, 매우 고상한 목표인 것처럼 보인다. 성경의 거룩한 영감을 믿는 교회 가운데 성도들이 성경적으로 박식해지는 것을 원하지 않는 교회가 어디 있겠는가? 이런 접근 방식은 잘못된 가정이 문제다. 그런 견해를 가진 교회들은 성경의 모든 책들이 똑같은 비중을 가진다고 가정하는 경우가 많다. 사실은 그렇지 않다. 모두 영감을 받아 기록된 것은 사실이지만, 똑같이 적용할 수는 없다.

돌을 집어들기 전에, 내 설명을 좀 들어보라. 5살짜리 소녀가 하나님이 자기를 창조했으며 너무나 사랑하셔서 자신을 구원하기 위해 그분의 아들을 대신 죽게 했다는 사실을 이해하는 것은 우리에게 매우 중요하다.[19] 그것은 그 아이의 삶을 변화시킬 근본적인 진리다. 또한 그에 대한 반응이 그 아이의 영원한 운명을 결정짓는다. 하지만, 다윗 왕과 밧세바의 간음[20]이나, 하나님이 여호수아와 이스라엘 백성에게 아이 족속을 진멸하도록 명령하셨다는 사실[21]을 이해하는 것은 5살짜리에게 중요하지 않다는 것이다. 그런 내용들이 실제로 있었던 사실일까? 물론이다. 그럼, 5살짜리에게 하나님에 대해 가르치는 데 그런 내용들이 도움이 될까? 그렇게 생각하지 않는다. 그런 이야기들은 그 나이에 적절치 않다. 오히려 아이를 혼란스럽게 하거나 두려움만 주기 십상이다.

사람들이 기술적인 면이나 성경 지식 면에서 탁월해지는 것에 대해 나 역시 대찬성이다. 두 가지 모두 개인의 영적 성장에 중요한 역할을 한다고 믿는다. 관계를 통한 복음 전도(relational evangelism) 같은 분야에서 개인의 탁월한 능력은 사람들이 하나님의 유능한 파트너가 되는 비결이기도 하다. 평생 성경을 스스로 학습하고 그 도를 행하는 자가 되는 데 있어서 성경 지식은 중요하다.[22] 그러나 그 자체가 목표는 아니다. 그런 것들은 표적의 중심이 될 수 없다. 유용할 수는 있지만, 성도들이 어떤 사람이 되기를 원하는지 규정하는 척도가 되어서는 안 된다.

> 사람들이 어떤 존재가 되기를 원하는지 분명히 하는 것은 궁극적으로 교회의 사명을 규정하는 것이다.

이미 정해진 사명

우리의 사명이 이미 정해져 있다는 사실은 정말 희소식이 아닐 수 없다! 예수님은 마태복음 28장의 고별사를 통해 그점을 매우 분명하게 밝혀 주셨다.

"그러므로 너희는 가서 모든 족속으로 제자를 삼아 아버지와 아들과 성령의 이름으로 세례를 주고, 내가 너희에게 분부한 모든 것을 가르쳐 지키게 하라."

예수님은 우리의 사명이 제자 삼기라는 점을 분명하게 말씀하셨다. 우리가 일상적인 삶을 살아갈 때, 즉 직장에 나가고 친구를 사귀는 모든 일상 관계에서 우리의 목적은 사람들이 그리스도를 따르도록 장려하며 그들과 관계 맺는 것이어야 한다는 말이다.

사람들을 인도하라

마태복음 28장에서 노스포인트는 첫 번째 질문에 대한 답을 찾았다. 우리는 노스포인트 교인들이 예수 그리스도와의 관계 속에서 성장해나가기를 원한다. 영적으로 말하자면, 그들이 터치다운을 향해 꾸준히 전진하기 바란다. 그것은 영적 연속선상에서 사람들이 어느 위치에 있든지(회의론자든, 새신자든, 다시 믿음을 회복한 신자든, 성장하고 있는 신자든지) 그리스도와의 신뢰 관계 속에서 그들의 믿음이 지속적으로 성장해나가기를 원한다는 의미다. 그것은 처음으로 자신의 믿음을 점검하는 것을 의미할 수도 있다. 현재 관계에서 어려운 결정을 내리거나, 자녀를 양육하거나, 자신의 재정을 잘 관리하는 것과 관련이 있을지도 모른다. 어떤 영역이든지 우리는 사람들이 더 큰 믿음을 드러내며 하늘 아버지의 뜻에 더욱 순종하는 삶을 살아가기를 원한다.

사람들이 영적 여정에서 똑같은 위치에 있지 않다고 해도 걱정하지 않는다. 단지 그들이 자신의 여정에서 계속 전진할 수 있도록 우리가 영향을 미칠 수 있기를 바랄 뿐이다. 그래서 노스포인트의 사명 선언문은 이해하기가 아주 쉽다. 우리의 사명은 교인들이 예수 그리스도와의 관계 속에서 성장하도록 돕는 것이다.

그러나 진짜 문제는 당신이 돌보고 있는 사람들이 어떤 존재가 되기를 원하는가 하는 점이다. 그것이 분명한가? 그 점을 교인들이 잘 알고 있는가? 사람들이 어떤 존재가 되기를 원하는지 분명히 규정하는 것은 궁극적으로 교회의 사명을 규정하는 것이다.

당신의
공동체를
만들라   CREATING YOUR COMMUNITY

1. 조직이 분명하게 규정된 사명 선언문을 가지고 있는 것이 중요한 이유는 무엇인가?

2. 당신 교회의 사명은 무엇인가?

3. 당신은 제자를 어떻게 정의하고 싶은가?

4. 당신은 사람들이 어떤 존재가 되도록 영향을 미치고 싶은가?

5. 그런 바람이 지금까지 어떻게 그들에게 전달되어왔는가?

5장

CREATING COMMUNITY

영적 성숙을 정의하라

우리가 스스로에게 던진 두 번째 질문은 이것이다. 우리는 사람들이 무엇을 하기를 원하는가? 첫 번째 질문이 무엇(What)에 대한 답을 찾는 것이라면, 두 번째 질문은 어떻게(How)에 대한 답을 찾는 것이라고 할 수 있다. 다시 말해, 성도들이 우리가 바라는 사람이 되게 하려면 어떻게 해야 할 것인가? 거기에 도달하기 위해 그들이 실제적으로 실행하기를 바라는 것은 무엇인가? 이 질문에 대답하기 위해서는, 우선 영적 성숙을 분명히 이해하는데 초점을 맞추지 않을 수 없다.

계획만으로는 안 된다

나는 어떤 과정이나 계획의 성취를 영적 성숙과 동일하게 여기는 사람들을 오랫동안 보아왔다. 그들은 영적 훈련 프로그램과 같은 것을 잘 견디는 사람들이 성숙한 그리스도의 제자라고 믿는 경향이 있다. 강의와 세미나, 소정의 활동으로 구성된 훈련 프로그램을 성공적으로 마치는 사람을 성숙한 그리스도인으로 인식하는 것이다. 목록의 훈련 과정들을 모두 마치는 사람은 마침내 목표를 이룬 것이다. 그는 이미 그리스도의 제자가 되었다. 그리고 프로젝트는 완수되었다. 이런 관점은 영적 성숙이 어느 시점에 일어난다는 가정을 전제로 한다. 다시 말해, 그것은 어떤 과정이나 커리큘럼이 완료되는 시점이다.

나는 영적 성숙에 대한 그런 커리큘럼 접근 방식과 그것이 초래하는 결과를 너무나 잘 알고 있다. 나 역시 여러 해 전 다른 교회에서 그런 과정 가운데 하나를 개발하는 일에 참여했기 때문이다. 당시 나는 그것을 '영적 성장으로 향하는 트랙(track to spiritual growth)' 이라고 불렀지만, 솔직히 말해 그것은 '영적 탈진으로 향하는 통로(pathway to spiritual burnout)' 에 더 가까웠다. 나는 깔때기를 예로 들어 그 과정을 설명하곤 했다. 깔때기의 상부는 넓지만, 각 단계를 거칠수록 깔때기 둘레는 점점 더 좁아진다. 그 과정에 충실하다 보면 목표에 도달하게 된다. 바로 완벽하게 훈련된 참가자 말이다.

그 대단한 과정의 첫 번째 단계는 성도들이 주일 아침 예배에 참석하도록 만드는 것이다. 별로 어렵지 않은 일이다. 그 다음에는, 누군가 그들에게 또 다시 말씀을 전할 기회와 관계의 연결 고리를 제공해줄 주일학교에 출석하도록 하는 것이다. 이 '재미있는 깔때기' 의 세 번째 단계는 돌봄과 기도의 필요가 충족되도록 보다 작은 그룹 속으로 분산시키는 것이다. 그리고 네 번째 단계는 우리가 정기적으로 제공하는 엄청나게 많은 제자 훈련과 교육을 받도록 만드는 것이다. 마지막은, 그들이 개인적으로 사역할 수 있는 곳을 찾아 자신의 영적 은사를 사용하게 하는 것이다. 사용자 친화적이지 않은 그 훈련 과정이 참가자와 해당 리더 모두를 지치게 만들었음은 두말할 필요도 없다. 그것은 분명 올바른 목표를 염두에 두고 개발되었다. 그러나 전혀 다른 결과를 만들어냈다. 생명력을 고갈시키는 이 모델의 유일한 결실은 전문 지식은 갖추었지만 지칠 대로 지쳐버린 졸업생들뿐이었다.

커리큘럼이나 일련의 강의가 어느 정도 도움이 될 수는 있다. 그러나 그것이 영적 성장을 결정하는 요인으로 간주되어서는 안 된다. 그런 것들은 사람들로 하여금 자신의 신앙에 관해 더 잘 알게 도와줄 수는 있겠지만, 자동적으로 그들을 성숙으로 이끌어주지는 못한다.

당신은 사람들이 무엇을 하기를 원하는가?

만약 계획을 완수하거나 커리큘럼을 이수하는 것이 우리의 목적이 아니라면, 도대체 사람들이 무엇을 하기를 원해야 하는가? 그들을 우리가 바라는 사람으로 성장시키려면 어떻게 해야 할 것인가? 예수 그리스도와의 관계가 성장한다는 것을 무엇으로 알 수 있는가? 마태복음 22장에 기록된 예수님의 말씀은 우리에게 그 해답을 제시해준다. 우리가 잘 알고 있는 그 성경 구절에서 예수님은 모세의 율법 가운데 무엇이 가장 큰 계명인지 질문받으셨다.

"네 마음을 다하고 목숨을 다하고 뜻을 다하여 주 너희 하나님을 사랑하라 하셨으니 이것이 크고 첫째 되는 계명이요, 둘째는 그와 같으니 네 이웃을 네 몸과 같이 사랑하라 하셨으니, 이 두 계명이 온 율법과 선지자의 강령이니라."[23]

지나치게 단순화하는 것인지는 모르겠지만, 예수님은 지금 모든 계명이 하나님과 이웃을 사랑하는 것으로 귀착된다고 말씀하고 계신다. 그분은 성경에 기록된 모든 것이 그 두 가지 계명으로 요약된다고 말씀하신 것이다. 다시 말해, 영원한 하나님의 활동과 명령은 그분을 사랑하는 것과 다른 사람을 사랑하는 것, 이 두 가지로 요약될 수 있다. 그것이 전부다. 그 두 가지 활동이야말로 한 개인의 영적 성장과 성숙을 보여주는 증거다.

예수님이 그 성경 구절에서 말씀하신 사랑은 소위 일회성 사랑이 아니라는 점이 중요하다. 그분이 사용하신 동사는 지속적인 행동을 암시한다. 그분과 이웃을 향한 우리의 사랑은 반복적이고 지속적으로 표현되어야 한다.

그 성경 구절은 영적 성장이 하나의 과정임을 암시하고 있다. 성숙은 하나님과 다른 사람들을 향한 우리의 사랑이 겉으로 드러나는 성장 정도로 측정된다. 그것은 어떤 프로그램을 완료하거나 기술을 습득하는 것이 아니다. 하나님과의 수직적 관계와 서로 간의 수평적 관계에서 지속적으로 사랑이 표현되는 것이다.

영적 성숙이 어떤 시점에 이루어진다고 말하는 것은, 건강한 몸매가 어떤 시점에 이루어진다고 말하는 것과 같다. 그것은 우리가 일단 건강한 몸매를 만들었고 그 몸매를 유지하려면 어떻게 해야 하는지 알고 있다고 해서, 앞으로도 계속 그 몸매를 유지할 수 있다고 말하는 것이나 마찬가지다.

그러나 건강한 몸매는 단번에 만들어지는 것이 아니며 영원히 지속되는 것도 아니라는 사실을 우리는 모두 잘 알고 있다. 그것은 지속적으로 추구해야 하는 것이며, 규칙적인 운동과 올바른 식습관을 필요로 한다. 어느 시점에 이루어지는 것이 아니라, 지속적으로 추구해야 하는 것이다. 영적 성장도 마찬가지다. 하나님과 다른 사람들과의 관계에서 지속적으로 추구해야 하는 것이다.

노스포인트에서는 '이웃 사랑'을 두 가지 범주로 나누었다. 믿음을 가진 사람들에 대한 사랑과 믿지 않는 사람들에 대한 사랑이다. 그래서 우리는 영적 성숙을 하나님과의 관계, 다른 성도들과의 관계 그리고 믿지 않는 사람들과의 관계, 이렇게 가장 핵심적인 세 가지 관계들 속에서 지속적으로 발전하는 것이라고 정의했다. 그렇다면, 우리는 사람들이 어떤 일을 하기를 기대하는가? 그것을 이런 식으로 표현한다. 우리는 사람들이 하나님과의 친밀한 교제, 성도들과의 공동체 형성 그리고 믿지 않는 사람들에 대한 영향력 측면에서 성장하기를 원한다.

> 영적 성숙이 어떤 시점에 이루어진다고 말하는 것은 건강한 몸매가 어떤 시점에 이루어진다고 말하는 것과 같다.

하나님과의 친밀한 교제

성경은 온 인류에 대한 하나님의 깊은 사랑과 열정적인 추구를 기록하고 있다. 그분은 우리 모두와 친밀한 관계를 맺고 싶어하신다. 그래서 우리는 그분과의 친밀한 관계를 지속적으로 추구하는 것이 성숙해가는 성도의 특징이라고 생각한다.

무엇보다도, 친밀함은 어떤 관계에서도 그냥 생기지 않는다. 정기적인 관계의 축적이 필요하다. 서로에 대한 관계에 시간이나 관심을 전혀 기울이지 않은 상태에서 이루어진 결혼을 한번 상상해보라. 다른 많은 것들이 그 결혼의 특징이 될 수는 있겠지만, 친밀함은 절대 그 특징들이 될 수 없다. 하나님과의 관계도 전혀 다르지 않다. 그분과의 친밀한 관계는 어느 시점에 도달하는 것이 아니라, 우리가 지속적으로 추구해야 하는 것이다. 그렇게 할 때, 그 혜택을 누릴 수 있을 뿐만 아니라 성숙해가는 성도의 특징을 드러낼 수 있다.

성도들과의 공동체 형성

우리는 의미 있는 관계에 대한 사람들의 욕구와 지속적인 삶의 변화는 의도적인 관계라는 정황 속에서 가장 잘 일어난다는 현실을 인식하고 있다. 그렇기 때문에 사람들이 다른 성도들과의 공동체 속에서 성장하기를 원한다. 믿음이 지속적으로 성숙해가는 사람은 다른 성도들과 의미 있고 정기적인 관계를 맺는 사람이다. 표류하는 인간의 성향 때문에, 우리는 서로 격려하고 책임져줄 필요가 있다. 히브리서 10장의 말씀이 떠오른다.

> 서로 돌아보아 사랑과 선행을 격려하며 모이기를 폐하는 어떤 사람들의 습관과 같이 하지 말고 오직 권하여 그날이 가까움을 볼수록 더욱 그리하자[24]

성숙해가는 사람들은 다른 성도들과 함께 시간을 보내며 서로 격려하고 도와주면서 공동체 안에서 성장하는 사람들이다.

믿지 않는 사람들에 대한 영향력

하나님은 복음 전도하는 일에 우리를 그분의 파트너로 부르셨다. 그래서 노스포인트는 성도들이 믿지 않는 친구들과의 관계에 우선 순위를 두기 원한다. 그 친구들이 믿음에 이르는 모습을 보기 원하기 때문이다. 우리는 그것을 '투자와 초대(invest and invite)' 전략이라고 부른다. 우리는 성도들이 믿지 않는 친구들의 삶에 투자하고, 적절한 시점에 그들을 적절한 우리의 모임에 초대하도록 장려하고 있다. 그들은 그곳에서 영적 여정을 시작하도록 권고를 받는다.

현재 우리 교회에서 영적으로 가장 활기찬 모습을 보이는 많은 사람들이 처음에는 별 인간 관계 없이 냉담하게 살아가는 이웃과 직장 동료, 친구로 시작했다. 그러던 어느 날, 친구나 이웃이 그들을 우리의 사역 환경 가운데 하나로 초대했고, 거기서 그들은 아주 새롭고 적절한 방식으로 하나님을 경험하게 되었다. 누군가를 하나님께 인도하는 일에 자신이 쓰임받는 것을 경험하는 것보다 성도들에게(혹은 소그룹들에게) 더 큰 동기 부여는 없다. 그래서 우리는 믿지 않는 사람들에 대한 영향력을 지속적으로 추구하는 것이 성숙해가는 성도의 특징 가운데 하나라고 생각한다.

8살이든 80살이든, 우리에게 있어 영적으로 성숙해가는 사람의 모습은 똑같다. 그는 어떤 계획이나 커리큘럼을 완수한 사람이 아니다. 단순히 진리에 대해 더 많은 것을 깨달은 사람도 아니다. 성숙해가는 사람은 세 가지 서로 다른 관계 속에서 지속적으로 성장하는 사람이다.

우리는 사람들이 어떤 존재가 되기를 원하는가? 그들이 예수 그리스도와의 관계 속에서 성장하는 사람이 되기를 원한다. 우리는 사람들이 무엇을 하기를 원하는가? 그들이 하나님과 친밀한 교제를 나누고, 다른 성도들과 공동체를 형성하며, 믿지 않는 사람들에게 영향을 끼치기 원한다. 가장 핵심적인 이 세 가지 관계를 지속적으로 추구하기를 바란다.

그렇다면, 당신은 사람들이 무엇이 되기를 원하는가? 보다 구체적으로 말하자면, 사람들이 무엇을 하기를 원하는가? 이 두 가지 질문에 대한 대답은 당신의 사명을 규정하고, 그것을 어떻게 달성할지 명백하게 설명하는 데 있어 필수적이다.

당신의 공동체를 만들라

CREATING YOUR COMMUNITY

1. 한 개인이 어떻게 영적으로 성숙하게 되는가?

2. 그리스도와의 관계가 성장한다는 것을 어떻게 설명하겠는가?

3. 영적 성장은 어느 시점에 이루어지는 것이라기보다 오히려 일련의 과정이며, 그런 접근 방식이 중요하다는 사실에 동의하는가? 그 이유는 무엇인가?

4. 가장 핵심적인 세 가지 관계들이 성장 과정에서 모두 똑같이 중요한가?

5. 당신의 교회는 사람들이 무엇을 하기를 원하는가? 그 바람이 지금까지 그들에게 어떻게 분명하게 전달되었는가?

6장
CREATING COMMUNITY

사람들이 어디로 가야 할지 결정하라

브레이브스(Braves) 메이저리그 구단은 지난 13년 동안 애틀랜타의 자랑이었다(그 이전은 별개의 문제다). 그들의 경기가 초대형 방송국인 WTBS(World Turner Broadcasting System)를 통해 미 전역 시청자들에게 중계되었기 때문에 애틀랜타 브레이브스는 미국의 팀(America's Team)으로 불리게 되었다. 그들은 1991년 이후 8번 지구 우승을 했고, 내셔널리그 결승전에 5번 올랐다. 1995년에는 마침내 월드시리즈를 재패했다.

이 여름 사나이들은 매년 봄, 한 가지 목표를 염두에 두고 다가오는 시즌 준비를 시작한다. 바로 포스트 시즌 진출이다. 그 하나의 목적을 위해 그들은 스프링 캠프에 나타난다. 구단 사무실에서 배트 보이에 이르기까지, 감독부터 후보 선수들에 이르기까지, 모두 목표는 같다. 그저 경기에 출전하고 봉급을 타가는 것만으로는 충분하지 않다. 브레이브스 구단의 성공은 10월에 경기를 할 수 있느냐에 달려 있다.

우리는 지금까지 노스포인트 커뮤니티 교회에 명확한 방향성을 제시해 주는 데 유용한 세 가지 중요한 질문들 가운데 두 가지를 살펴보았다. 두 질문 모두(우리는 사람들이 어떤 존재가 되기를 원하는가? 그리고 우리는 사람들이 무엇을 하기 원하는가?) 사명을 규정하고 행동을 개시하는 데 결정적인 도움을 주었다. 이제 우리가 대답해야 하는 마지막 질문은 이것이다. 우리는 사람들이 어디로 가기를 원하는가?

우리는 사람들이 어디로 가기를 원하는가?

의도적이든 우연이든, 사람들은 결국 어디론가 가게 되어 있다. 어떻게 해서든지, 사람들은 어떤 목적지에 도달하기 마련이다. 문제는 그곳이 우리가 그들이 가기를 바라는 바로 그곳이냐 하는 점이다. 그곳이 그들이 행동하기를 바라는 우리의 기대를 가장 잘 채워줄 수 있는 바로 그곳이냐 하는 점이다.

우리는 사람들이 어디로 가기를 원하는가? 라는 질문에 대한 대답은 조직의 '승리'를 명확히 하는 데 도움이 된다. 안타깝게도, 많은 교회들이 그들의 승리가 어떤 모습일지에 대해 분명한 생각이 없다. 그러다보니, 어떻게 그 승리를 쟁취해야 하는지에 대해서도 알지 못한다. 나의 친구이자 동료들인 앤디(Andy)와 레지 조이너(Reggie Joiner), 레인 존스(Lane Jones)는 그들의 책 「성공하는 사역자의 7가지 습관(7 Practices of Effective Ministry, 도서출판 디모데)」에서 리틀리그 분석을 통해 그 딜레마를 언급하고 있다.

> 어떤 조직들은 꼭 리틀리그의 타자들과 비슷하다. 그들은 어디로든 볼을 치기만 하면, 볼을 쳐냈다는 생각에 기분이 좋아 흥분을 감추지 못한다. 베이스를 밟는다거나, 자신이 가고자 하는 목적지로 그들이 실제로 가고 있는지 여부는 별로 중요하지 않다. 그들은 그저 볼을 어디론가 치려고 할 뿐이다. 홈 플레이트와 목적지에 도달하기 위해 어떻게 해야 하는지는 전혀 생각하지 않는다.

그들은 계속해서 이렇게 언급한다.

> 안타깝게도, 교회들은 목적을 염두에 두지 않고 사역하기로 유명하다. 그들은 최대한 많은 사람들에게 다가가려 최대한 많은 방을 짓는다. 다양한 이슈들을 겨냥해 새로운 사역을 시작한다. 출석하는 교인들의 늘어나는 필요를 충족시키기 위해 수없이 많은 프로그램을 만들어낸다. 모두 일리가 있다. 생산적으로 보이기까지 한다. 그러나 거기에는 총체적인 전략이 없다. 홈 플레이트를 향해 뛰고 있는 선수가 아무도 없다. 그들이 스스로에게 던져야 할 질문은 **"우리가 지금 볼을 치고 있는가?"** 가 아니라, **"우리가 지금 홈 플레이트로 점점 다가가고 있는가?"** 이다.[25]

그렇다면, 당신은 사람들이 어디로 가기를 원하는가? 당신이나 당신 교회의 홈 플레이트가 어떤 모습이어야 하는지 결정했는가? 아니면, 당신도 다른 교회들처럼 여러 개의 홈 플레이트를 만들어놓았는가?

> 당신 교회의 홈 플레이트가 어떤 모습이어야 하는지 결정했는가?

분반 앞으로!

한 가지 접근 방식은 교인들을 그들의 연령이나 인생 단계에 맞게 분반하는 것이다. 서로 겹치는 다른 프로그램이 없다면, 사람들을 연결해주는 매우 유용한 시스템이다.

내가 이전 교회에서 주일학교 성인부를 맡았을 때, 우리는 궁극적으로 사람들을 연령에 따라 주일학교에 배정하기 원했다. 적어도, 주일학교를 인도하던 우리로서는 그들이 주일학교 분반에 참여하기를 바라지 않을 수 없었다. 그것이 재미있는 부분이다. 제자 훈련 담당 리더들은 그들이 제자 훈련반에 참석하기를 원했다. 새신자 등록 담당 리더들은 그들이 새신자반에 참석하기를 원했다. 카운슬링 담당 리더들은 그들이 카운슬링 강의에 참석하기를 바랬다. 교역자로서는 짜증나는 일이다. 참석자들에게는 혼란스러운 일이 아닐 수 없다.

많은 교회들에게는 분반이 전략상의 최종 목적지다. 교인들에게 도달하기를 기대하는 곳이 바로 분반인 것이다.

자원 봉사 활성화

어떤 교회들의 최종 목적지는 바로 봉사 팀이다. 그들은 사람들이 궁극적으로 지역 사회나 교회 내 한 분야에 기여하는 봉사 팀이나 사역 팀으로 활동하기를 원한다.

보통은 이런 식이다. "하나님은 각 사람에게 독특한 영적 은사를 선물로 주셨습니다. 그분의 영광과 몸 된 교회를 세우는 일에 그런 은사들이 사용되어야 합니다. 우리가 할 수 있는 최선은 교인들이 자신의 은사를 발견하고 섬김으로 그것을 선용할 수 있도록 돕는 것입니다."

사역 현장에서 함께 고생하는 동안, 그들이 공동체를 경험하게 될 것이라고 믿는다. 이런 교회들의 경우에는 봉사 팀이 공동체로 가는 통로로 사용된다.

새신자 세미나

새신자들을 위한 교리 세미나가 최종 목적지인 교회들도 있다. 그들은 모든 교인들이 교리적으로 같은 수준이어야 한다고 생각한다. 그래서 교인들이 그런 경험을 하는 방향으로 움직이기 원한다. 그들은 참석자들이 새신자 등록반이나 주말 수련회에 참석하기를 원한다는 점을 분명히 한다.

전적으로 맞거나 틀린 접근 방식이란 없다. 어느 것도 효과가 있을 수 있기 때문이다. 의미 있는 관계를 개발하기 위한 기회를 만드는 데 어떤 방식이 다른 방식보다 더 효과적일 수는 있다. 문제는 교인들이 어디로 가기를 원하는지에 대해 당신 자신이 명확한 생각을 가지고 있어야 한다는 점이다. 가장 중요한 것은 당신 조직의 '승리'를 명확히 규정하고, 주변 사람들에게도 그것이 무엇인지 이해시키는 것이다.

소그룹만한 곳이 없다

우리가 노스포인트에서 이 질문에 관해 토론했을 때, 우리의 접근 방식은 사람들을 소그룹으로 활동하게 하는 것이라는 점이 분명해졌다. 아이들에서부터 성인에 이르기까지 우리는 사람들의 목적지가 똑같기를 원했다. 연령이나 인생 단계는 상관없었다. 모두가 소그룹으로 활동하도록 격려하는 것이 우리의 목표였다.

우리가 매우 열정적으로 믿는 것에 대해 교인들에게 일관성 있는 메시지를 전달하기를 원했다. 우리는 지속적인 삶의 변화는 의도적인 관계 속에서 가장 잘 일어난다는 사실을 발견했다. 그리고 많은 교회 지도자들과 마찬가지로, 우리 역시 의도적인 관계를 장려할 수 있는 가장 좋은 장소는 소그룹이라고 생각한다. 다른 접근 방식들도 효과적일 수 있다. 그러나 우리는 소그룹이 가장 효과적인 방식이라고 믿는다.

우리의 소그룹 접근 방식에 대해서는 나중에 좀더 자세히 다룰 것이다. 우리가 교인들에게 원하는 목적지에 대한 답은 분명하다. 우리는 그것에 대해 만장일치를 보았다. 그것은 소그룹이다.

자, 그럼 정리해보자. 우리는 사람들이 어떤 존재가 되기를 기대하는가? 예수 그리스도와의 관계가 성장하는 사람이다. 우리는 그들이 무엇을 하기를 기대하는가? 가장 핵심적인 세 가지 관계들을 적극적으로 추구하는 것이다. 우리는 그들이 어디로 가기를 원하는가? 소그룹이다.

우리는 아이들에서부터 성인에 이르기까지 사람들의 목적지가 똑같기를 원한다.

100퍼센트 확실하게

톰 크루즈(Tom Cruise)의 영화 〈어퓨굿맨(A Few Good Men)〉의 한 장면이 떠오른다. 크루즈는 어느 병사의 살해 혐의로 기소된 2명의 병사를 변호하는 해군 변호사 다니엘 캐피(Daniel Kaffe) 중위로 나온다. 조사를 하는 동안 그는 두 해병이 구타당해 죽은 병사에게 기합을 주라는 상관의 명령에 따랐을 뿐, 그를 죽일 의도는 전혀 없었다는 심증을 굳힌다. 캐피는 그 명령을 내린 사람들의 유죄를 밝히기 위해 네이선 제섭(Nathan Jessup) 대령[잭 니콜슨(Jack Nicholson)]을 법정에 세우는 위험한 시도를 감행한다. 만약 성공하지 못하면, 유능한 해병 장교를 모함한 혐의로 오히려 군사 법정에 회부될지도 모른다는 사실을 알면서도 말이다.

원고 측과 피고 측의 열띤 공방이 진행되는 동안, 젊은 변호사는 산전수전 다 겪은 대령에게 죽은 병사를 구타해서는 안 된다는 사실이 부하들에게 확실하게 전달되었는지 묻는다. 훈장으로 화려하게 장식된 제복을 입은 그 해병은 "100퍼센트 확실하네(Crystal)"라고 대답한다. 캐피 중위가 계속해서 몰아붙이자, 제섭 대령은 자신의 권위가 도전받고 있다는 사실에 분을 참지 못한다. 애송이 변호사에게 사태의 심각성을 깨닫게 하기 위해 그는 질문을 퍼붓는다.

"자네, 보병으로 복무해본 적 있나? 최전방에서 근무해본 적은 있나? 자네의 목숨을 옆에 있는 전우의 손에 맡겨본 적 있는가? 그리고 그의 목숨을 자네 손에 맡겨도 좋다고 말해본 적 있느냐 말이야? 우리는 명령을 따른다네. 그렇지 않으면 사람들이 죽는단 말이야. 그것은 너무나 자명한 이치라구. 이제 알아듣겠나?"

"네, 압니다." 캐피가 대답한다.

제셉은 쐐기를 박으려는 듯 다시 한 번 묻는다. "분명한가?"

그 말의 무게를 느끼면서도 옳은 일을 해야 한다는 사명감에 갈등하던 젊은 법무관은 잠시 생각에 잠긴다. 심문을 계속한다면, 자신의 경력을 무너뜨릴 수도 있는 상황이다. 반대로, 더 이상 밀어붙이지 않는다면, 그 두 사병은 십중팔구 모든 죄를 뒤집어쓰게 될 것이다. 마음을 굳힌 캐피 중위는 대답한다.

"100퍼센트 확실히 알고 있습니다(Crystal)."

자신이 지금 무엇을 하려고 하는지 100퍼센트 확실하게(crystal clear) 이해하는 것은 어느 그룹 어느 조직에서나 매우 중요하다. 명료함이 없다면, 그 조직은 방향성을 잃어버리기 때문이다. 그것에 대한 명확한 이해는 세 가지 중요한 질문에서부터 시작된다.

우리는 사람들이 어떤 존재가 되기를 원하는가?

우리는 사람들이 무엇을 하기를 원하는가?

우리는 사람들이 어디로 가기를 원하는가?

이 세 가지 질문에 대한 대답은 사명과 전략을 확실하게 이해하는 데 있어서 필수적이다. 그 세 가지 질문은 모든 리더들이 확실하게 이해할 필요가 있는 이슈들이다. 100퍼센트 확실하게 말이다.

당신의 공동체를 만들라   CREATING YOUR COMMUNITY

1. 리틀리그 분석과 관련하여, 단순히 볼을 치는 플레이의 문제점은 무엇인가?

2. 당신의 교회는 사람들이 어디로 가기를 원하는가?

3. 모든 사람이 동의하는 오직 하나의 홈 플레이트를 가짐으로써 생길 수 있는 장점과 단점은 무엇인가?

4. 당신의 교회는 서로 겹치는 프로그램을 가지고 있지는 않은가?

5. 지속적인 삶의 변화는 의도적인 관계 속에서 가장 잘 일어난다는 말에 동의하는가? 그 이유는 무엇인가? 그렇지 않다면, 그 이유는 무엇인가?

CREATING COMMUNITY

교회는
전략을 필요로 한다

7장
CREATING COMMUNITY
핵심어를 찾아라

당신 조직의 이름을 들으면, 무언가 떠오르기 마련이다. 그것이 무엇이든 긍정적인 것이기를 바란다. 그러나 당신 교회는 지역 사회에 당신 교회와 관련된 무엇인가로 인식되어 있을 수밖에 없다. 아래와 같은 유명 회사들의 이름을 볼 때, 무엇이 머리에 떠오르는가?

코크(Coke)

칙필에이(Chick-fil-A)

스타벅스(Starbucks)

바이엘(Bayer)

허쉬(Hershey)

페더럴 익스프레스(Federal Express)

이 회사들은 모두 한 단어와 깊은 연관이 있으며, 그럴 만한 충분한 이유가 있다. 코크는 당연히 콜라를 말한다. 코카콜라(Coca-Cola)는 현재 전세계에서 가장 인지도가 높은 브랜드 가운데 하나다. 그들의 초창기 상표인 코크는 가장 유명한 상품이다. 칙필에이는 치킨이 아닌 치킨 샌드위치로 유명하다. 그것도 정말 맛있는 정말 치킨 샌드위치 말이다. 오늘날 스타벅스는 커피와 거의 동의어다. 바이엘과 아스피린(aspirin)은 오랜 세월 동안 서로 연결되어 있었다. 다른 상품들도 판매하지만, 그들이 유명해진 것은 아스피린 때문이다. 허쉬와 초콜릿은 서로 뗄래야 뗄 수 없는 관계다. 페더럴 익스프레스라는 단어를 듣는 사람들은 대부분 즉시 1일 배송(overnight shipping)을 떠올린다. 미연방 우체국(U.S. Postal Service)도 분명 똑같은 서비스를 제공하고 있음에도 말이다. 지금도 대부분의 우체국 밖에는 페덱스(FedEx) 상자가 놓여 있을 정도다.

여러 해 전, 우리 리더십 팀은 앨 리스(Al Ries)의 책「포커스(Focus)」를 읽은 적이 있다. 앨 리스는 그 책에서 어떤 조직이 그들을 묘사하는 데 사용되는 핵심어를 찾는 것이 얼마나 중요한지 이야기하고 있다. 그는 그것이 조직의 '근본적인 힘(fundamental strength)'으로, 다른 어떤 것보다 더 가치 있는 것이라고 말한다. 우리는 그 부분을 읽고나서 노스포인트의 핵심어로 무엇이 좋을지 토론했다. 결국, 우리 교회 이름이 언급될 때마다, 무엇을 연상시켜야 하는지 알게 되었다.

> 사람들이 당신 조직을 생각할 때, 연상하게 될 단어는 무엇인가?

사람들이 당신 조직을 생각할 때, 어떤 단어를 연상하기를 원하는가? 분명 무언가가 머리에 떠오를 것이다. 그것이 무엇이기를 바라는가?

3부에서는 전략의 필요성에 대해 논의하려고 한다. 교회가 사명을 완수하는 데 도움이 되는, 분명하고 단순하며 매력적인 전략 말이다. 사명에 대한 명료성이 첫 번째 단계라면, 그 다음은 전략을 실행하는 단계다. 조직의 핵심어를 찾는 것은 효과적인 전략에 도달하는 데 있어 매우 귀중한 첫걸음이라고 할 수 있다.

무엇으로 알려질 것인가?

오랫동안 몇 가지 서로 다른 방식으로 묘사되는 교회들이 있다. 그들의 이름이 화제에 오를 때, 대개는 즉시 머리에 떠오르는 몇 가지 특징이 있다.

전도

일부 교회들은 복음 전도로 유명하다. 전도와 관련된 그들의 사역과 프로그램은 사람들이 즉각적으로 그리스도를 영접하도록 도전한다. 정기적으로 복음을 설교하고 주중 방문자에게 후속 프로그램을 제공하고 있는 그들은 복음 전도에 대한 열정으로 유명하다.

예배

어떤 교회들은 예배 중심 교회로 유명하다. 그들은 무엇보다도 열정적인 찬양과 예배 의식을 통해 사람들의 마음이 하나님의 마음과 연결되기를 원한다. 따라서 그것을 위해 상당한 시간을 할애한다. 이미 정해진 예배 순서가 있을지라도, 그들이 해야 한다고 느끼는 것에 방해가 된다면, 반드시 그 순서를 진행할 필요를 느끼지 않는다.

교리

일부 교회들은 교리적인 교회로 유명하다. 그들은 교인들에게 정기적이고 체계적인 신앙의 기초 교리와 종파의 특징을 교육하는 데 열심이다. 그런 교회들은 교리적 이해와 일치가 매우 중요하다. 그 결과, 지역 사회에서 그들은 종종 그런 식으로 인식된다.

회복

어떤 교회들은 회복을 중시한다. 그들은 사람들이 삶의 좌절과 도전, 슬픔으로부터 회복될 수 있도록 엄청난 에너지를 쏟아 붓는다. 그런 교회들은 설교에서부터 회복 그룹 운영에 이르기까지 모든 분야에서 사람들의 영적, 감정적 상처를 치유하는 데 노력을 기울인다. 고통과 위기 가운데 있는 사람들은 이런 교회에서 편안한 안식처를 찾을 수 있다.

봉사

마지막으로, 어떤 교회들은 봉사로 유명하다. 그들은 주변 사람들의 물질적 필요를 충족시키는 '빛과 소금'의 역할을 하는 것이 그들의 책무라고 생각한다. 특히 지역 사회의 가난하고 소외된 사람들을 섬기는 것으로 유명하다.

어떤 교회가 이러한 특징들 가운데 어느 것 하나로 유명하다고 해서 그것만이 그 교회가 가진 전부라는 것을 의미하지는 않는다. 그것은 단지 지역 사회 내에서 가장 널리 알려진 그들의 특징일 뿐이다.

우리가 결정한 핵심어는

노스포인트가 언급될 때마다, 사람들은 우리에 대해 무언가를 떠올릴 것이다. 그 사실을 염두에 두고 우리는 마침내 '우리의' 핵심어를 결정했다. 사람들이 우리와 연관시키기를 바라는 핵심어는 **관계적**(relational)이라는 단어였다. 우리는 사람들이 우리를 **관계를 중시하는 교회**(relational church)로 생각해주기를 원했다. 그런 결론을 내린 것은 그 단어가 균형 잡힌 그리스도인의 삶을 묘사한다고 믿기 때문이었다. 우선, 우리에 대한 하나님의 초대는 그분의 아들 예수 그리스도를 통해 그분과의 **관계** 속으로 들어가는 것이다. 앞서 언급했듯이, 성숙한 그리스도인은 핵심적인 세 가지 **관계**에서 계속 성장해가는 사람이다. 즉 하나님과 친밀한 교제를 나누며, 성도들과 공동체를 형성하고, 믿지 않는 사람들에게 영향력을 끼치는 것을 지속적으로 추구하는 그리스도인이다. 그런 관계들을 추구하다보면, 믿음에 이르는 사람들이 생기고 모여 예배하게 되며 진리가 전파되고 상처가 회복되며 물질적 필요도 채워지기 마련이다.

그러나 **관계적**이라는 단어는 우리가 바라는 교회의 운영 방식에 대해서도 표현한다. 우리는 위원회를 기반으로 하는 관계가 아니라, 공동체적인 관계 속에서 사역하기를 원한다. 그 둘 사이에는 큰 차이가 있다. 위원회는 어떤 목적을 이루기 위해 모인 개인들이 형성한 그룹이다. 우리 역시 많은 일들을 이루기 원한다. 따라서 그것도 필요하다. 그러나 그것만으로는 불충분하다. 우리는 교역자와 자원 봉사자들로 이루어진 팀들이 자기 역할을 매우 성공적으로 수행하는 한편, 그들이 어느 수준 이상의 공동체를 경험하기를 원한다. 무엇보다도, 교회가 공동체의 중요성을 주창하려면 먼저 그 리더들부터 솔선수범을 보여야 할 필요가 있다. 그것이 바로 우리 리더십 팀들이 교회가 창립된 이후 지금까지 매주 월요일 아침 함께 모이는 이유다. 그리고 매년 우리가 외부에서 부부 동반으로 일주일 동안 함께 지내는 이유이기도 하다. 전직원이 매주 모여 서로 이야기를 나누며, 하나님이 우리 가운데서 역사하고 계신 것에 대해 축하하고, 함께 기도하는 이유도 바로 거기에 있다.

우리는 사람들의 교회에 대한 기여도만큼이나 사람 그 자체를 소중히 여기는 관계적 방식으로 교회를 운영하기 원한다. 기능적인 측면에서는 그것이 언제나 가장 효율적인 방식은 아닐 수 있다. 그러나 우리는 그것이 가장 효과적인 방식이라는 사실을 체험했다. 그렇게 **관계적**이라는 단어는 다른 사람들이 떠올리기 바라는 우리의 핵심어가 되었다.

당신과 당신의 조직은 어떤가? 당신에 대해 이야기할 때, 사람들이 언급하기 바라는 하나의 핵심어는 무엇인가? 다시 한 번 강조한다. 가장 중요한 것은 당신의 이미지가 **어딘가에** 자리를 잡게 된다는 사실이다. 당신을 묘사할 때 사람들은 무엇인가를 떠올린다. 그것이 정당하든 부당하든, 한 단어가 떠오르게 될 것이다. 당신은 그것이 무엇이기를 원하는가?

자신의 핵심어를 찾는 것은 전략 개발에 있어 필수적인 부분이다. 그것은 당신이 무엇으로 유명해지기를 원하는지 뿐만 아니라, 무엇으로 알려지지 않기를 원하는지 결정하는 데 있어 도움이 될 수 있다. 그것은 당신이 소중히 여기는 것을 묘사하는 것에서 그치지 않는다. 노스포인트에서 확인했듯이 교회를 운영하는 방식에도 영향을 미치게 된다. 교회는 전략을 필요로 한다. 자신의 핵심어를 찾는 것은 당신의 전략이 무엇일지 규정하는 데 있어 훌륭한 출발점이라는 사실을 명심하라.

당신의 공동체를 만들라

CREATING YOUR COMMUNITY

1. 당신의 조직을 생각할 때, 어떤 단어가 머리에 떠오르는가? 그 이유는 무엇인가?

2. 당신이 그런 식으로 알려질 때 얻게 되는 장점과 단점은 무엇인가?

3. 당신은 사람들이 어떤 단어를 머리에 떠올리기를 바라는가?

4. 그 핵심어가 당신 조직의 운영 방식에 어떤 영향을 미칠 거라고 생각하는가?

8장
CREATING COMMUNITY
전략을 선택하라

일단 당신이 목표를 정하고 핵심어를 찾았다면, 이제 그 목표에 어떻게 도달할 것인지 결정할 차례다. 방법을 결정하고 당신의 전략을 선택해야 할 시간이란 말이다.

사전은 **전략**을 '특정 목표를 달성하려는 의도로 수립된 행동 계획'이라고 정의한다.[26] 간단한 말로 전략은 당신이 사명을 완수하거나 어떤 목표를 달성하기 위해 사용하는 방법이다.

최초의 컨설턴트

가장 유명하고 오래된 전략 가운데 하나는 출애굽기 18장에서 발견된다. 거기서 모세는 과로하면서도 제대로 평가받지 못하는 재판관으로 나온다. 사실, 그는 죽도록 자신을 혹사하고 있었다. 성경은 모세의 장인이 그가 하는 모든 일을 보고 그에게 권고한 사실을 말하고 있다.

> 그대가 이 백성에게 행하는 이 일이 어찜이뇨? 어찌하여 그대는 홀로 앉았고, 백성은 아침부터 저녁까지 그대의 곁에 섰느뇨? 모세가 그 장인에게 대답하되, 백성이 하나님께 물으려고 내게로 옴이라 그들이 일이 있으면 내게 오나니, 내가 그 양편을 판단하여 하나님의 율례와 법도를 알게 하나이다 모세의 장인이 그에게 이르되, 그대의 하는 것이 선하지 못하도다 그대와, 그대와 함께한 이 백성이 필연 기력이 쇠하리니, 이 일이 그대에게 너무 중함이라 그대가 혼자 할 수 없으리라 이제 내 말을 들으라 내가 그대에게 방침을 가르치리니, 하나님이 그대와 함께 계실지로다 그대는 백성을 위하여 하나님 앞에 있어서 소송을 하나님께 베풀며, 그들에게 율례와 법도를 가르쳐서 마땅히 갈 길과 할 일을 그들에게 보이고, 그대는 또 온 백성 가운데서 재덕이 겸전한 자 곧 하나님을 두려워하며 진실무망하며 불의한 이를 미워하는 자를 빼서 백성 위에 세워 천부장과 백부장과 오십부장과 십부장을 삼아 그들로 때를 따라 백성을 재판하게 하라 무릇 큰 일이면 그대에게 베풀 것이고 무릇 작은 일이면 그들이 스스로 재판할 것이니, 그리하면 그들이 그대와 함께 담당할 것인즉, 일이 그대에게 쉬우리라 그대가 만

일 이 일을 하고 하나님께서도 그대에게 인가하시면, 그대가 이 일을 감당하고 이 모든 백성도 자기 곳으로 평안히 가리라.²⁷

최초로 기록된 조직 컨설턴트의 현명한 조언이다. 능력 있는 사람들을 뽑아, 그들을 훈련시키고 그들에게 임무를 부여하라. 당신은 필요한 분야에 노력을 집중하고 보다 즐거운 삶을 오래도록 경험하라. 정말 훌륭한 전략이다. 이해하기도 쉽고 실행하기도 용이하다.

훌륭한 전략은 이해하기 쉬울 뿐만 아니라, 실행하기도 용이하다.

노스포인트 이야기

하나님은 우리가 깨닫기 오래 전부터 노스포인트에 딱 맞는 전략으로 우리를 인도하고 계셨다. 앤디(Andy)가 서문에서 언급했듯이, 그와 나는 약 12년 전 그의 아버지가 시무하는 교회에서 직원으로 함께 일하며 교육 사역을 도왔다. 우리는 무척 바빴고, 스케줄은 항상 꽉 차 있었다. 많은 사람들을 알고 지냈지만, 우리와 함께 그룹을 이루어 의미 있는 방식으로 삶을 동행하는 사람들은 없었다. 우리 둘 다 멋진 직업을 가지고 있었고, 더할 나위 없이 훌륭한 여성과 결혼했지만, 꽤 고독한 삶을 살아가고 있었다. 그래서 앤디와 샌드라(Sandra)가 두 쌍의 부부를 찾아내고, 테리(Terry)와 내가 두 쌍의 부부를 찾아내, 우리는 마침내 첫 번째 소그룹을 시작했다.

앞서 언급했듯이, 우리가 함께했던 그 기간 동안 몇 가지 중대한 일들이 일어났다. 가족들이 더 늘어났고, 하나님나라는 더욱 확장되었다. 그 소그룹은 우리 부부가 꽤 어려운 시기를 지나는 동안 모이기 시작했다. 우리가 불임 문제를 겪고 있을 때 나는 그 부부 사역(일명 아기 공장이라고도 불렸다) 소그룹을 인도했다. 우리가 그토록 고통스러운 삶의 시기를 헤쳐나가는 동안, 그 소그룹은 우리에게 생명줄과도 같았다. 소그룹 멤버들이 우리에게 베풀어준 호의와 지원이 아니었더라면, 결단코 우리는 그 어려운 시기를 잘 견디어내지 못했을 것이다.

1년 뒤 돌아본 우리의 소그룹 경험은 너무나 유익했다. 앤디와 나는 다른 사람들도 똑같은 유익을 경험하기를 원했다. 그래서 우리는 그 소그룹을 나누고 사람들을 추가하여 새로운 소그룹을 시작했다. 우리의 첫 번째 소그룹은 그런 식으로 오늘날까지 계속해서 배가해왔다. 지난 12년 동안 경험한 소그룹 생활을 되돌아볼 때, 우리가 내린 결단에 감사하지 않을 수 없다.

왜 소그룹이어야 했는가?

우리가 노스포인트에서 소그룹 전략을 추구하기로 결정한 가장 강력한 이유 가운데 하나는 바로 우리의 개인적인 경험 때문이었다. 우리의 유산과 친숙함은 오히려 주일학교 모델 쪽에 더 가까웠으나, 우리는 소그룹 방식을 택했다. 소그룹을 하는 동안 경험한 삶의 변화와 만족감과 깊이 때문이다.

우리가 깨달은 사실은 단순히 열지어 앉은 사람들이 완전한 익명성 속에서 메시지를 듣는 환경으로는 지속적인 영적 성장이 잘 일어나지 않는다는 점이다. 지속적인 성장은 사람들이 하나님과의 관계와 다른 사람들과의 관계 속에서 개인적으로 도전받고 격려받을 때 일어난다. 특별히 삶의 도전을 받을 때 더욱 그렇다. 그리고 그런 도전은 결국 누구에게나 찾아오기 마련이다.

그러나 성인 성경 공부 모임이나 주일학교 성인부처럼 효과적인 다른 방식보다 소그룹이 우리에게 더 잘 맞았던 이유는 그 외에도 여러 가지가 있다.

소그룹은 우리의 전도 전략을 지원한다

우리의 소그룹 방식은 우리가 추구하는 '투자와 초대' 전도 전략과 경쟁하는 것이 아니라 오히려 지원해준다. 우리는 교인들에게 불신자들의 삶에 투자하고 그들을 우리의 적절한 사역 환경으로 초대하도록 장려하고 있다. 성인들 대상의 가장 효과적인 환경 가운데 하나는 우리의 예배다. 소그룹은 우리 교인들이 개인적인 교제 시간을 놓치는 일 없이 사람들을 예배로 데려올 수 있도록 융통성을 발휘해준다.

우리는 또한 교회에 다니지 않는 어떤 사람들은 교회에 나오기보다 가정을 통해 연결되는 것에 거부감을 덜 느낀다는 사실을 발견했다. 기꺼이 삶을 헌신하기 전에 먼저 교회에 소속되기를 원하는 사람들도 있다. 그들은 자발적으로 뛰어들기 전에 좋은지 어떤지 여부를 한 번 '맛보고' 싶은 것이다.

> 기꺼이 삶을 헌신하기 전에 먼저 교회에 소속되기를 원하는 사람들도 있다.

소그룹은 교회의 리더십과 돌보는 사역을 분산시켜준다

우리의 소그룹 전략은 교회 내에 단지 적당한 수가 아닌 가능한 많은 목자를 양산하는 것이다. 그로 인해 우리는 리더십과 돌보는 책임을 가장 적절한 곳, 그리고 다른 사람들과 잘 연결되어 있는 사람들에게 분산시킬 수 있다. 우리는 사람들이 그들을 가장 잘 아는 사람들에 의해 가장 자연스럽고 효과적으로 보살핌을 받는다는 사실을 발견했다. 바로 그들과 삶을 동행하는 사람들에 의해서 말이다.

리더십에 보다 많은 사람들을 참여시킬 때, 보다 폭넓은 범위의 영적 은사를 활용할 수 있다. 각 그룹 내에서 손님 접대의 은사를 가진 사람들은 모임 장소를 제공할 수 있다. 자비의 은사를 가진 사람들은 돌보는 사역을 조직할 수 있으며, 리더십의 은사를 가진 사람들은 그 그룹을 인도할 수 있다.

소그룹은 보다 많은 사람들을 봉사에 참여시킨다

노스포인트의 경우, 이 부분도 대성공이었다. 우리가 주일 오전에 하는 일을 실행하려면 일주일에 대략 1,800명의 자원 봉사자가 필요하다. 프로덕션 팀에서부터 어린이 소그룹 리더에 이르기까지, 교회에 참석하는 모든 사람들에게 예배를 비롯해 주차와 탁아 서비스 등을 제공하기 위해서는 엄청난 인력이 필요하다. 소그룹 전략은 성인 참석자들을 주일 오전에 봉사할지 아니면 주일학교에 출석할지 여부를 선택하는 부담으로부터 해방시켜주었다. 우리가 서로 겹치는 분반 시스템을 가지고 있었다면, 그것은 불가능했을 것이다.

> 우리의 전략은 구성원들이 봉사할지 아니면 주일학교에 출석할지 여부를 선택해야 하는 부담으로부터 해방시켜주었다.

소그룹은 진정한 공동체를 형성하게 해준다

이 부분에 대해서는 나중에 좀더 자세히 논의하겠지만, 우리는 소그룹이 진정한 공동체를 경험하는 데 보다 효과적인 장소라는 사실을 확인했다. 가정이라는 환경은 교실이라는 딱딱한 환경보다는 확실히 더 따뜻하고 친근하다. 시간적 제약이 없기 때문에, 소그룹 모임은 때로 다른 프로그램의 방해를 받지 않고 길게 이어질 수 있다. 또한 그룹의 규모가 비교적 작기 때문에, 아무도 간과되지 않는다. 한 사람만 보이지 않더라도 금방 표시가 나기 때문이다.

소그룹은 최대한의 융통성을 발휘할 수 있다

소그룹 시스템에서는 그룹 멤버들이 자신의 개인적 스케줄을 감안해 스스로 모임 일정을 계획할 수 있다. 누구도 특정 요일이나 특정 시간에 구속받지 않는다. 각 그룹은 스스로 선택한 요일에 모임을 가질 수 있다. 소그룹은 그들이 언제 모일지 뿐만 아니라 어디에서 모일지에 대해서도 융통성을 발휘한다. 어디에서도 모일 수 있으며, 원한다면 모임 장소를 바꿔가면서 모일 수도 있다.

소그룹은 우리를 더 나은 청지기로 만들어준다

소그룹 전략은 교회 소유의 시설이 많이 필요하지 않다. 따라서 다른 분야에 더 많은 예산을 배정할 수 있다. 만약 우리가 주일학교 시스템에 의존했다면, 주중 대부분의 시간에 빈 채로 남아 있을 공간을 위해 수백만 달러를 사용했을 것이다. 우리의 소그룹 전략은 하나님이 우리에게 맡겨주신 것을 더 잘 관리할 수 있도록 해준다.

소그룹은 성장의 주된 방해 요소를 제거해준다

교회 성장의 주된 방해 요소는 공간과 주차 문제일 가능성이 높다. 둘 중 어느 하나라도 부족할 때는 더 많이 지을 수밖에 없다. 소그룹 전략에서는 교실이나 주차 공간이 부족하게 될 가능성이 전혀 없다. 사람들이 이웃 가정에서 모이기 때문이다. 우리는 소그룹 전략을 통해 그런 주된 방해 요소들을 이미 제거했다.

오늘날 우리가 사용하고 있는 소그룹 모델을 선택하기까지는 많은 요인들이 작용했다. 우리의 개인적 경험뿐만 아니라 수많은 전략적 사항들이 고려되어 현재 방식이 완성되었다고 볼 수 있다. 물론 다른 시스템들도 효과가 있을 수 있다. 다만 우리는 소그룹 시스템이 더 효과적이라고 믿는다. 사람들이 예수 그리스도와의 관계 속에서 성장하도록 이끄는 우리의 목표를 완수하도록 돕는 일에 말이다. 결국, 그것이 바로 전략의 목적 아니겠는가.

다음 장에서는 우리가 추구하는 소그룹 방식의 독특한 특징에 대해 논의할 예정이다. 사실, 이 독특한 특징이야말로 다른 어떤 것보다 우리 전략의 성공에 더 많이 기여했다고 볼 수 있다. 그것이 무엇일까? 안으로 들어와 문을 닫아라, 그러면 알려주겠다.

당신의 공동체를 만들라
CREATING YOUR COMMUNITY

1. 훌륭한 전략에서 필수적인 요소들은 무엇인가?

2. 어떤 요인들이 당신 교회로 하여금 지금의 전략을 선택하도록 이끌었는가?

3. 당신의 전략은 어떻게 의도적인 관계를 촉진하는가?

4. 당신의 전략은 사람들이 그리스도와의 관계 속에서 성장하는 데 어떻게 기여하는가?

5. 소그룹의 장점과 단점은 무엇이라고 생각하는가?

9장

CREATING COMMUNITY

문을 닫아라

예전에 내 사무실은 안내 데스크와 아주 가까운 곳에 있었다. 현관과 가깝다는 것은 나름대로 장단점이 있다. 한 가지 장점은, 손님을 맞이했다가도 금방 사무실로 되돌아올 수 있다는 점이다. 단점으로는 내 사무실 문 바로 옆으로 오가는 사람들이 무척 많다는 점이다. 그 결과, 일부 사람들은 예고도 없이 무척 자유롭게 내 사무실로 들어오곤 했다. 안에서 벌어지는 일과는 전혀 상관없이 문이 조금만 열려 있어도, 사람들은 그것을 언제든지 들어와도 좋다는 초대로 간주했다. 그래서 나는 정기적으로 사무실 문을 닫아둘 수밖에 없었다. 불친절하게 굴려는 의도는 아니었다. 사람들이 오가는 상황에서는 도저히 많은 일을 처리할 수 없었기 때문이다. 끊임없이 방해받을 때는 약속을 정하고 만나는 사람들이나 처리해야 할 업무에 집중할 수가 없었던 것이다.

그래서 회의를 할 때면 나는 사무실 문을 닫아두었다. 어떤 일에 집중해야 할 필요가 있을 때도 사무실 문을 닫았다. 내가 잠시 혼자 있고 싶을 때 역시 문을 닫아두었다. 내 사무실에서 무언가 중요한 일이 진행되고 있을 때는(종종 그런 일이 발생한다) 십중팔구 사무실 문이 닫혀 있다. 문을 닫아 둠으로써 나는 바로 앞에 있는 사람들이나 프로젝트에 전념할 수 있었다. 그것은 내가 헌신하고 있는 관계의 사람들의 필요와 긴급한 요구에 집중하게 해주었다. 또한 그들의 시간과 내 시간을 최대한 활용할 수 있게 해주었다. 끊임없는 방해와 주의를 산만하게 만드는 요소들, 예고 없이 불쑥 찾아오는 사람들은 내가 기울여야 하는 대상의 관심과 헌신에서 뒷걸음질치게 만들었다. 결과적으로, 사람들은 자주 이런 말을 소리를 들어야 했다. "문을 좀 닫아주시기 바랍니다."

소그룹 전략의 독특한 특징은 바로 문을 닫는다는 점이다. 다시 말해, 우리는 **닫힌 그룹**(closed groups)을 운영한다. 의도적으로 그것을 지향한다. 우리는 그 부분에 대해 많은 고민을 했고, 찬반 양론을 비교 검토했다. 그리고 결국 18개월에서 24개월에 이르는 기간 내내 우리는 소그룹 멤버들을 가능한 한 일관성 있게 유지하기로 결정했다. 그들 가운데 상당수가 갑자기 사라지거나 공중으로 들려올라가지 않는다면 말이다. 만일 그런 일이 일어난다면, 아무리 좋게 말해도 그 그룹의 원동력에 문제가 생기지 않겠는가!

'닫힌 그룹'이란 소그룹 전체가 공식적으로 동의하지 않는 한 새로운 멤버를 그룹에 합류시키지 않는다는 의미다. 우리가 닫힌 그룹을 주장하는 이

론적 근거는 간단하다. 만약 주의를 산만하게 만드는 것이 어떤 모임의 효율성을 떨어뜨린다면, 소그룹을 포함해 어느 모임이나 마찬가지일 것이다. 만약 방해 요소가 어느 개인의 집중력을 흐트러뜨려 추진력이 감소된다면, 마찬가지로 소그룹의 추진력도 약화될 것이다. 그리고 소그룹을 통해 이루고자 약속한 것들의 성취도 방해를 받게 될 것이다.

약속

마케팅 전문가들은 모든 기업이 약속을 한다고 말한다. 직접적이든 간접적이든, 모든 상품과 서비스는 고객을 위해 무언가를 해주겠다는 약속이다. 한 조직의 효율성은 그 약속을 얼마나 잘 이행하느냐에 의해 결정된다.

2년 전, 우리는 어느 마케팅 회사를 통해 우리의 소그룹 사역을 평가한 적이 있다. 그들은 우리가 정기적인 참석자들과 소그룹 내 멤버들의 인식과 경험, 참여도 등을 평가할 수 있도록 도와주었다. 본질적으로 그들은 우리가 약속한 내용을 어떻게 이행하고 있는지 평가했다. 우리의 소그룹 약속은 우리 공동체의 목적 선언문과 거의 비슷하다. "참여자들이 진정한 공동체와 영적 성장을 경험할 수 있는 예측 가능한 소그룹 환경을 제공하겠다"는 것이다.

우리가 '예측 가능한' 소그룹 환경을 약속한다고 말할 때, 당신은 비웃을지도 모른다. 소그룹은 결코 예측 가능하지 않다. 예측할 수 없는 사람들로 가득 차 있기 때문이다. 아이들은 곧잘 아프고, 가끔 충돌도 일어난다. 때로는 위기도 찾아온다. 삶은 항상 변화무쌍하다. 삶이 예측 가능하지 않다면 어떻게 소그룹이 예측 가능할 수 있겠는가?

내가 말하는 예측 가능한 소그룹은 참여자들이 누가 그들의 그룹에 참석할 것인지 예측할 수 있다는 의미다. 우리 소그룹에는 회전문이 없다. 우리가 그렇게 방어적인 이유는 관계가 형성되기 위해서는 시간이 필요하다고 믿기 때문이다. 소그룹 내에서 관계의 추진력을 형성하는 데 방해가 되는 것은 무엇이든지 실재하는 것을 방해하는 것이다. 삶과 공통된 경험 그리고 꿈이나 두려움에 대한 솔직한 나눔 이런 것들 하나하나가 모두 소그룹 내에서 관계적 기반을 형성하는 널빤지 역할을 한다. 열린 그룹(open groups)은 참여자들이 그런 공동체의 풍요로움을 경험하지 못하도록 방해하고, 그래서 쉽게 훼손될 수 있다는 것이 우리 생각이다. 소그룹 환경이 자주 변한다면, 관계적 기반을 형성하던 널빤지들을 하나하나 뜯어내는 결과를 초래한다. 우리가 일정 기간 동안 소그룹 문을 닫아두는 것도 그 때문이다.

예측 가능하다는 말은 또한 참여자들이 자기 소그룹으로부터 무엇을 기대할 수 있을지 예측할 수 있다는 의미다. 그것이 바로 소그룹에서 우리가 서약서를 작성하는 이유다(노스포인트의 서약서를 보기 원한다면 부록 C를 참조하라). 우리는 참여자들이 소그룹을 경험하기 시작할 때부터 그들의 기대치가 동일하기를 원한다. 예를 들어, 우리는 그들이 소그룹의 목적을 분명히 이해하기를 원한다. 다양한 소그룹 경험을 한 다양한 사람들이기 때문에, 한 사람의 가정으로 작성된 소그룹 목적은 다른 누군가의 목적과는 전혀 다를 수 있다. 성경 공부를 기대하는 사람이 있는가 하면, 봉사 모임이나 사교 모임을 기대하는 사람들도 있을 것이다. 실망에 대한 훌륭한 처방이 아니겠는가!

우리는 또한 그룹의 가치 기준(서로 관계를 맺는 행동 규범)이나 지침(얼마나 자주, 어디에서, 언제 모일 것인지) 같은 다른 측면에 대해서도 그들이 확실히 이해하기 바란다. 그런 규약들의 상당수는 사실상 그 그룹 자체가 결정한다. 끊임없이 환경이 변하는 그룹들은 뒷걸음질칠 수밖에 없다.

열린 그룹은 그 성과에 대해 타협할수도 있기 때문에 주의력 결핍 장애를 유발하는 경향이 있다. 존 엘드리지(John Eldredge)는 자신의 글에서 "소그룹은 대부분의 교회가 교인들에게 제공하는 프로그램의 일부가 되었다. 그러나 대부분은 일시적으로 그치고 만다"라고 지적했다. 엘드리지는 계속해서 이렇게 말한다. "12주짜리 성경 공부 몇 가지에 맞추어 사람들을 무작위로 그룹에 집어넣고 그들이 서로 친밀한 협력자가 되기를 기대할 수는 없다."28

나는 거기에 한마디를 덧붙이고 싶다. 사람들을 그룹으로 묶어놓고 그 그룹에 끊임없이 변동이 생기도록 해서 그룹의 추진력을 방해한다면 그들이 서로 친밀한 협력자가 되기를 기대할 수는 없다.

관계의 추진력을 경험하지 못하는 그룹은 결국 손상될 수밖에 없다. 피상적인 공동체(pseudo-community)로 귀결되며 바람직하지 않은 그룹 경험을 제공할 뿐이다. 나쁜 그룹 경험은 다시 이루지 못한 약속과 불만족스러운 그룹 '고객'으로 연결된다. 그 불만족스러운 그룹 고객들은 당신 교회에 대한 실망스러운 광고와 같다. 특히 소그룹이 전략의 초점이라면, 더 말할 필요도 없다.

닫힌 그룹은 그룹 참여자가 가능한 한 예측 가능한 경험을 하게 해준다. 그들은 자기 그룹이 의도한 결과를 성취하도록 할 수 있다. 다시 말해 진정한 공동체와 영적 성장을 만들어내는 것이다.

진정한 공동체

노스포인트에서는 소그룹 생활의 ABC를 중심으로 진정한 공동체를 정의한다. 그것은 바로 책임감(accountability), 소속감(belonging), 돌봄(care)이다. 진정한 공동체의 특징 가운데 일부인 **책임감**은 삶의 우선 순위와 관계 측면에 대한 도전으로, 다른 사람을 자신의 삶으로 초대하는 것을 의미한다. 여기서 말하는 관계는 그리스도와의 관계뿐만 아니라 다른 성도들과의 관계 그리고 믿지 않는 사람들과의 관계까지도 포함한다.

진정한 공동체를 정의하는 두 번째 부분은 소속감이다. 소속감을 가진 사람은 자신이 그룹 멤버들로부터 받아들여진다는 느낌, 그들과 연결되어 있다는 느낌을 느끼며, 그들과 함께 있는 것에 편안함을 느끼는 사람이다. 오늘날에는 서로 연결되어 있다는 느낌이 그 어느 때보다 더 중요하다. 우리가 믿음보다 소속감을 중시하는 문화 가운데 살고 있기 때문이다. 사람들은 자신이 중요하다는 사실과, 자신이 모임에 나타나지 않으면 다른 사람들이 그리워할 것이라는 사실을 확인받을 필요가 있다. 소속감을 경험하는 사람들은 진정한 공동체의 중요한 부분을 경험하고 있는 것이다.

진정한 공동체를 정의하는 세 번째 부분은 돌봄이다. 사람들이 잘 연결되어 있을 때 생기는 부산물이 바로 서로 돌보는 것이다. 서로에 대해 책임감을 느끼며 소속감을 경험하는 사람들은 자연히 자신과 연결된 사람을 돌보기 마련이다. 프로그램을 만들거나 강요할 필요가 없다. 사람들은 자신이 잘 아는 사람을 돌보게 되어 있다.

> 사람들은 자신이 잘 아는 사람을 돌보게 되어 있다.

재키(Jackie)와 밥 맥그리거(Bob McGregor)는 그런 현실을 직접 경험했다. 작년에 그들의 아들 더그(Doug)가 오토바이 사고로 사망했다. 사고 소식을 접한 후 그들은 공동체 그룹 멤버들 가운데 한 사람에게 전화를 했다. 그리고 며느리를 위로하기 위해 곧장 그녀의 집으로 향했다. 같은 공동체 그룹에서 몇 쌍의 부부들이 즉시 그곳으로 달려가 슬픔에 잠긴 그들에게 그리스도의 위로를 나누며 함께 있어 주었다. 그들 부부는 나중에 그룹 멤버들의 도움과 사랑과 돌봄이 없었다면 슬픔을 이겨내지 못했을 거라고 말했다. 돌봄은 진정한 공동체가 만들어내는 부산물이다. 사람들은 자연적으로 자신이 잘 아는 사람들을 돌보게 되기 때문이다.

환경이 끊임없이 변하는 그룹들은 결코 진정한 공동체를 경험하지 못한다. 그런 그룹들은 책임감과 소속감 그리고 돌봄을 전달할 수 있는 능력이 약화될 수밖에 없다. 그런 관계의 깊이에 도달할 수 있을 만큼의 관계적 자산을 쌓을 수 없기 때문이다. 닫힌 그룹을 통해 보다 예측 가능한 방식으로 진정한 공동체를 경험할 수 있다는 것이 우리의 생각이다.

영적 성장

닫힌 그룹을 통해 영적 성장도 더 잘 경험할 수 있다. 우리의 바람은 2년간의 소그룹 약속 기간이 끝날 때, 멤버들이 과거를 되돌아보며 하나님이 그 시간을 통해 어떻게 그들을 인도하셨는지 깨닫는 것이다. 그들을 격려하고 도전함으로써 하나님과의 관계뿐만 아니라 타인과의 관계에서 자기 스스로의 힘으로는 결코 도달하지 못했을 수준까지 그들을 이끌어오셨음을 보게 되기를 바란다.

앞서 언급했듯이, 우리는 그리스도인의 영적 성장을 세 가지 핵심적인 관계(하나님과의 친밀한 교제, 성도들과의 공동체 형성, 믿지 않는 사람들에 대한 영향력)를 지속적으로 추구하는 것으로 정의했다. 닫힌 그룹은 멤버가 그 세 가지 관계 속에서 점차 성장하는 과정을 볼 수 있게 해준다. 소그룹은 멤버들이 헌신적인 삶을 살기 위해 애쓰고 있는지 여부뿐만 아니라, 지속적으로 그들을 격려하는 방법도 알고 있다. 그들은 그럴 정도로 충분한 역사를 공유하고 있다.

만약 어느 멤버가 어려움에 처한 가족 문제로 고민하고 있다면, 그 상황에 대해 충분히 이해하고 있는 그룹 내 나머지 멤버들은 그들을 도울 수 있는 최선의 방법을 알고 있다. 역사를 공유하는 그룹은 서로의 버릇을 파악하고 있을 뿐만 아니라, 어떻게 하면 서로가 계속해서 옳은 방향으로 나아가도록 할 수 있는지도 알고 있다.

마지막으로, 닫힌 그룹은 멤버들이 복음 전도의 가치에 계속 관심을 집중하도록 더 잘 보호해준다. 세 가지 관계 중에서 믿지 않는 사람들에 대한 영향력은 자칫 소홀해지기 쉽다. 그러나 누군가의 삶에 영향을 미치고자 노력해온 우리를 하나님이 사용하실 때보다 우리 믿음을 굳건히 세워주는 것은 없다. 뿐만 아니라 그룹의 기도 제목이었던 믿지 않는 한 사람이 그리스도와 연결되는 것을 보는 것만큼 그룹의 역동성에 큰 변화를 일으키는 것도 없다.

닫혀 있지만 항상 신선한 그룹

닫힌 그룹에서 발생할 수 있는 한 가지 우려는 점차 정체되거나 그룹 내부로만 관심을 기울일 수 있다는 점이다. 그것이 바로 우리 소그룹이 일정

기간 동안만 닫혀 있는 이유다. 우리 소그룹들은 보통 18개월에서 24개월에 이르는 계약 기간이 끝나면 스스로 배가하라는 도전을 받는다. 그것은 그룹 경험의 신선함과 집중도를 유지시켜준다. 그룹이 배가할 때, 새로운 멤버들은 대부분 그룹에 제공할 수 있는 것을 가지고 들어온다. 말하자면 그룹 경험에 필요한 새로운 활력이다.

배가 과정은 그룹 생활에서 가장 어려운 부분일 수 있다. 만약 당신이 훌륭한 그룹에 속해 있다면, 그 그룹은 결코 배가하기를 원하지 않을 것이다. 반대로, 간신히 유지되는 그룹은 빠른 시간 내에 배가할 수도 없을 것이다. 그러나 살아 있는 만물과 마찬가지로, 모든 그룹은 생명 주기를 가지고 있다. 어느 그룹이든 결국 끝나게 되어 있다. 각 그룹은 끝을 대비하여 무언가를 보여줄 수도 있고, 아니면 천천히 종말을 맞이하도록 내버려둘 수도 있다.

살아 있는 만물과 마찬가지로, 모든 그룹은 생명 주기가 있다.

전도서 3장에서 솔로몬이 상기시켜주듯이, 모든 것에는 때가 있다. 우리는 모든 그룹에도 때가 있다고 믿는다. 그리고 그 때가 종료될 때, 우리는 문을 열어 신선한 공기와 새로운 관계를 불러들인다. 그런 후에, 다시 이렇게 말한다. "문을 닫아주시기 바랍니다." 아직도 해야 할 일들이 많이 있기 때문이다.

당신의 공동체를 만들라
CREATING YOUR COMMUNITY

1. 당신 조직의 약속은 무엇인가? 당신의 조직은 그 약속을 얼마나 잘 이행하고 있는가?

2. 견고한 관계의 기초를 확립하는 데 있어 예측 가능성은 얼마나 중요한가?

3. 진정한 공동체를 어떻게 정의하겠는가?

4. 새로운 사람들이 언제든지 자유롭게 합류할 수 있는 열린 그룹의 장점과 단점은 무엇인가?

5. 닫힌 그룹의 장점과 단점은 무엇인가?

CREATING COMMUNITY

연결은
단순함을 필요로 한다

10장

CREATING COMMUNITY

단계들을 만들라

나는 대학 졸업 후, 생활 용품 회사인 P&G(Procter&Gamble)의 판매 관리부에서 5년 간 일했다. 거기서 일하는 동안 깨달은 P&G의 진가 가운데 하나는 소비자들로 하여금 그들의 브랜드를 구매하도록 영향을 미치는 마케팅 방식이었다.

그것은 그들이 경쟁하는 모든 영역에서 최고의 상품을 만들어내겠다는 약속에서부터 시작한다. 그래서 P&G는 다른 어떤 경쟁사보다 더 많은 비용을 연구 개발 분야에 투자한다. 그러나 브랜드 품질이 아무리 중요하다 해도, 소비자들이 가게에서 그들의 상품을 구매하지 않는다면, 모든 것이 실패로 돌아간다. 만약 P&G가 그들의 상품을 소매점과 소비자에게 성공적으로 연결하지 못했다면, 매출을 발생시킬 수 없었을 것이다. 또한 그들이 만든 좋은 품질의 제품이 주는 이점을 소비자들에게 전달하지도 못했을 것이다.

노스포인트는 소그룹에 초점을 맞추는 전략을 선택했다. 사람들이 예수 그리스도와의 관계 속에서 성장하도록 이끄는 우리의 사명을 완수하는 데 소그룹이 최상의 전달 시스템이라고 믿기 때문이다. 소그룹은 우리가 사람들의 삶에서 이루기 기대하는 것, 즉 하나님과의 친밀한 교제, 성도들과의 공동체 형성 그리고 믿지 않는 사람들에 대한 영향력, 이 세 가지 필수적인 관계를 추구하도록 정기적으로 격려할 수 있는 최상의 시스템이다. 소그룹은 사람들이 어떻게 하면 가장 잘 성장할 수 있는지에 대한 우리의 신념을 반영하고 있다. 즉 소그룹처럼 '잘 짜여진 의도적인 관계'의 정황 속에서 사람들은 가장 잘 성장할 수 있다는 말이다. 그리고 소그룹은 우리가 교회를 어떻게 운영할 것인지에 대해 선택한 방식을 가장 효과적으로 이행한다. 그것은 바로 '관계적인' 운영 방식이다.

전략을 실행하는 것은 소그룹만큼이나 중요하다. 만약 사람들이 서로 연결되는 데 어려움을 겪는다면, 모든 것은 실패로 돌아갈 것이다. 사람들이 소그룹에 참여할 수 없다면, 소그룹이 주는 이점들을 제대로 전달할 수 없다. 그렇게 되면, 우리의 전략은 그저 또 하나의 형편없는 아이디어에 불과하다.

연결을 단순하게 만드는 과정에서 대부분의 교회가 직면하는 도전이 있다. 그 하나가 소그룹은 교인들이 선택할 수 있는 많은 옵션들 가운데 하나라는 점이다. 내 나이 또래 분반에 들어갈까? 이웃들과 함께 어울릴 수 있는 그룹을 찾아볼까? 자원 봉사 팀에서 봉사할까? 내 아이의 활동에 함께 참여할까? 한 가지 이상의 일을 맡아볼까? 마치 쇼핑몰의 상점들처럼, 대부분의 경우는 선택 사항이 너무나 많다. 우리가 처음부터 연결 과정의 모호함을 제거해줄 두 가지 습관을 습득한 이유도 그 때문이다. 우리는 '승리를 분명히 정의하고' 나서, '프로그램이 아니라 단계를 생각하기' 시작했다.

승리를 분명히 정의하라

그 두 가지 습관 모두 「성공하는 사역자의 7가지 습관」에 보다 자세히 설명되어 있다. 우리 교회가 처음으로 내린 결정 가운데 하나는 우리의 승리를 분명히 정의하는 것이었다. 무엇이 정말로 중요한지, 정말로 가치 있는 것이 무엇인지 결정했다. 우리가 일찍부터 승리를 분명히 정의하기 위해 세 가지 중요한 질문을 스스로에게 던졌던 것도 그 때문이다. 우리는 사람들이 어떤 존재가 되기를 원하는가? 우리는 사람들이 무엇을 하기를 원하는가? 그리고 사람들이 어디로 가기를 원하는가? 우리는 모두가 소그룹에 참여하는 것이 우리의 승리 가운데 하나라고 결정했다. 사람들이 의미 있게 연결될 때 하나님이 그들의 삶 가운데 역사하신다. 소그룹 참여도가 우리 조직의 승리 지표가 된 것은 바로 그 때문이다. 우리는 그점에 대해 아주 강한 확신을 갖고 있었다. 그래서 우리 교회가 지금까지 설정한 유일한 수적 목표는 소그룹 참여도뿐이다.

단계를 생각하라

승리를 분명히 정의하는 것은 목표를 더 뚜렷하게 만들어주었다. 그뿐 아니라 연결이 제대로 이루어지도록 만드는 데 필요한 단계들을 생각하게 해주었다. 우리가 '프로그램이 아닌 단계를 생각하는' 습관을 실행에 옮긴 것도 바로 그 때문이다. 「성공하는 사역자의 7가지 습관」에서 레지(Reggie)는 이렇게 언급한다.

> 교회들은 대부분 필요에 따라 프로그램을 개발하는 데 꽤 능숙하다. 그리고 교역자들은 보통 회중과 지역 사회의 필요를 파악하고 그런 필요를 채워줄 적절한 프로그램을 짜는 것을 자신들의 책임인 양 느낀다. '프로그램을 생각하는' 교회는 예배 참석자나 목표 그룹에서 부상한 특정 필요를 채워주기 위해 무언가를 만들어내려는 경향을 보인다. 그러나 '단계를 생각하는' 교회는 관점 자체가 근본적으로 다르다. 이제 중심 목표가 누군가의 필요를 충족시키는 것이 아니라, 그들이 가야 할 곳에 도달하도록 돕는 것이다.
>
> 단계를 생각하는 이들은 "우리는 사람들이 어디에 도달하기를 바라는가?"라는 질문을 던지기 시작한다. 그 질문은 보다 전략적인 두 번째 질문으로 이어진다. "그들을 어떻게 그곳에 데려갈 것인가?" 그 결과는 단계로서 움직이는 사역이며, 그것은 누군가를 어딘가로 이끌어가기 위해 만들어진 것이다.[29]

그 결과, 우리는 서로 다른 세 가지 '장소(locations)'를 생각해냈다. 그것은 우리의 환경이 사람들을 어떻게 관계적으로 연결시키고, 어떻게 그들을 소그룹에 참여시킬 수 있는지 설명해준다. 그것은 이른 바 '로비에서 주방으로(Foyer to Kitchen)' 전략이다. 다음 도표는 그것이 어떻게 작용하는지 보여준다. 교회 프로그램은 서로 경쟁하는 방식으로 운영되어서는 안 된다는 것이 우리 생각이다. 오히려 사람들이 관계의 통로를 따라 소그룹으로(다시 말해, 우리가 그들이 도달하기를 바라는 곳으로) 이동하는 단계로 작용해야 한다. 집안에 있는 방들처럼, 교회의 여러 환경들도 사람들을 연결해주는 다양한 목적을 위해 사용된다.

로비

로비는 가정으로 들어서는 진입 지점이다. 가족과 친한 친구들은 로비를 거쳐 들어오지 않는다. 그것은 주로 손님들이 사용하는 공간이다. 손님들을 집에 들인 사람은 손님들의 필요와 욕구에 민감해진다. 가족으로서 가진 믿음이 변하지는 않지만, 그들이 거기에 있다는 사실에 민감해질 수밖에 없다. 예를 들면, 손님들과 가계(家計)를 의논하는 사람은 없다. 이웃들의 기행(奇行)에 대해서도 상의하지 않는다. 집안 손님과 함께 하기에는 어떤 것들은 분명 부적절한 것이다.

노스포인트의 로비는 교회에 대한 사람들의 생각을 바꾸기 위해 만들어진 규모가 큰 환경들이다. 우리가 깨달은 사실은 오늘날 대부분의 사람들이 안고 있는 문제는 하나님과 관련된 것이 아니라, 교회와 관련되어 있다는 점이다. 그들은 교회를 자신들의 일상 생활과는 아무 관련이 없는 존재로 여긴다. 그 결과 하나님과도 무관해지는 것이다. 우리의 바람은 우리 로비가 교회에 대한(결국은 하나님에 대한) 사람들의 생각이 바뀌는 장소가 되는 것이다. 이런 환경에 대한 우리의 목표는 사람들이 교회에 다시 오고 싶도록 만드는 것이다. 그들이 교회 문을 나설 때, 우리가 믿는 모든 것을 믿지는 않을지도 모른다. 그러나 그들이 다시 돌아오고 싶을 만큼 우리가 충분한 연결 고리를 만들고 충분한 갈증을 불러일으키기를 바란다.

우리의 로비는 교회에 대한 사람들의 생각을 바꾸기 위해 만들어진 규모가 큰 환경들이다.

우리의 예배는 가장 유명한 우리의 로비 환경이다. 그것은 평상시 교회 다니지 않는 사람들이 가장 잘 사용하는 출입구이기 때문이다. 우리는 가족과 학생들을 비롯하여 대부분의 인생 시기에 맞는 다양한 로비를 만들었다.

거실

거실은 사람들이 더 친숙해지도록 마련된 공간이다. 일반 주택의 거실은 보통 사람들을 자연스럽게 연결해주는 방식으로 만들어졌다. 편안하고 기분 좋은 장소다. 가구는 대화가 잘 이루어지도록 배치되어 있다. 거실 안에 있으면 손님들은 마치 친구가 된 것처럼 느끼기 시작한다.

우리의 거실은 서로 연결되는 것에 대한 사람들의 생각을 바꾸기 위해 만들어진 중간 규모의 환경들이다. 우리의 바람은 저녁이 끝나갈 무렵이면 참석자들이 거주 지역에서 비슷한 인생 연령대의 교우들과 어느 정도 관계를 형성하는 것이다. 우리가 모든 거실 환경에 '공동체 맛보기(taste of community)'

코너를 만들어놓은 것도 그 때문이다. 그것은 토론 그룹일 수도 있고 테이블에서 간단한 대화를 나누는 형태일 수도 있다. 그것이 무엇이든 모든 거실은 사람들이 연결되고 새로운 친구를 사귀는 데 도움이 되도록 만들어졌다. 우리는 사람들이 그룹 생활의 샘플을 경험하고, 그 다음 단계인 소그룹으로 들어가고 싶은 마음을 갖게 되기를 바란다. 부부들을 위한 '활기찬 결혼 생활(MarriedLife Live)'과 독신자들을 위한 퓨전(Fusion) 집회는 비교적 널리 알려진 우리의 거실 환경들이다.

> 우리의 거실은 서로 연결되는 것에 대한 사람들의 생각을 바꾸기 위해 만들어진 중간 규모의 환경들이다.

식탁

식탁은 종종 삶에서 가장 의미 있는 대화가 오가는 공간이다. 사람들이 자신의 경험을 공유하고 중요한 결정을 의논하며 식사를 즐기는 곳이 바로 식탁이다. 그곳은 사람들이 자기 꿈을 이야기하고 두려움을 솔직히 털어놓는 장소다. 친한 친구들이 한걸음 더 나아가 가족처럼 느끼기 시작하는 공간이기도 하다.

노스포인트의 식탁은 우리의 소그룹 환경이다. 우리의 소그룹 환경은 삶의 우선 순위에 대한 사람들의 생각을 바꾸기 위해 만들어졌다. 우리의 바람은 하나님의 역사와 소그룹의 영향력으로 사람들의 우선 순위와 하나님의 우선 순위가 일치하게 되는 것이다. 즉 그들의 삶이 점차 변하게 되는 것이다.

스타팅 포인트

우리는 성인 대상의 두 가지 서로 다른 식탁 환경을 가지고 있다. 스타팅 포인트(Starting Point)는 새신자들을 위해 마련된 트랙이다. 13주짜리 소그룹 환경은 구도자(seekers)와 새신자(starters) 그리고 다시 믿음을 되찾은 사람들(returners)을 위한 것이다. 구도자는 그리스도를 알지 못하는 사람들로 정의했다. 그들은 분명 믿음 밖에 있는 사람들이다. 스타팅 포인트에 참여하는 구도자들은 많은 의문을 품고 있거나 단순히 친구의 초대로 참석하는 경우가 많다. 새신자는 새로 믿음을 갖게 된 사람들을 의미한다. 그들은 이제 막 출발한 그리스도인들이다. 우리는 종종 그들을 성경책의 비닐 포장을 이제 막 뜯은 사람들이라고 부른다. **믿음을 되찾은 사람들**은 교회로 다시 오기 시작한 사람들을 말한다. 때로 그들이 믿음의 스펙트럼상에서 어디쯤 위치했는지 분명하지 않다. 그러나 그들은 삶의 어려움에 대한 답을 그리스도 밖에서 찾을 수 없다는 사실을 인식하고 있다. 그들은 오래된 성경책에 묻은 먼지를 떨어내고 있는 사람들이다.

교회 직원인 션 세이(Sean Seay)와 레인 존스(Lane Jones), 제이슨 말렉(Jason Malec)을 비롯한 여러 자원 봉사 리더들이 만든 커리큘럼을 사용하는 스타팅 포인트는 정말로 어려운 삶의 문제들에 대한 해답을 얻는 곳이다. 타깃 청중이 분명하기 때문에 가장 흥미로운 사역 환경 가운데 하나라고 할 수 있다. 지금까지 많은 사람들이 스타팅 포인트를 통해 믿음을 찾았거나 굳건해졌다.

공동체 그룹

노스포인트의 또 다른 식탁 환경이자 중요한 소그룹 환경은 바로 공동체 그룹(community group)이다. 공동체 그룹은 우리의 성장 트랙으로, 18개월에서 24개월 동안 모임을 갖기로 서약한 6쌍의 부부나 8명의 개인으로 구성되어 있다. 우리의 바람은 바로 이 환경 속에서 멤버들이 진정한 공동체(책임감, 소속감, 돌봄)와 영적 성장(하나님과의 친밀한 교제, 성도들과의 공동체 형성, 믿지 않는 사람들에 대한 영향력)을 추구하고 경험하는 것이다.

모든 것은 변화와 관련 있다

존(John)은 하나님이 소그룹 환경을 어떻게 사용하는지 보여주는 대표적 사례다. 그는 영적 영향력을 거의 받지 못한 채 런던에서 성장했다. 20대에 미국으로 이주한 이후 열심히 살아왔지만, 여러 차례 잘못된 결정을 내렸을 뿐만 아니라 2번이나 결혼에 실패했다. 그 무렵 하나님은 영향력 있는 두 사람을 그의 삶에 보내셨다. 그 두 관계로 인해 존은 삶에서 얼마나 많은 것을 누릴 수 있는지 깨닫게 되었다. 그는 노스포인트의 예배에 참석하기 시작했고, 곧이어 스타팅 포인트 그룹에 합류했다. 나중에는 공동체 그룹에도 참여했다. 날마다 예수 그리스도와 개인적인 관계를 갖는다는 것의 의미를 그가 깨닫게 된 것은 바로 소그룹 경험을 통해서였다. 존은 하나님의 은혜와 단순한 연결 전략의 효과를 증명해주는 산 증인이다.

손님, 친구, 가족. 로비, 거실, 식탁. 각각의 환경은 단계를 창출해내기 위해 만들어졌다. 또한 사람들을 전략적으로 연결하는 과정을 돕기 위해 만들어졌다. 그리고 각 환경은 하나님이 우리 삶을 변화시키는 데 사용하실 수 있도록 만들어진 공간이다.

당신의 공동체를 만들라 CREATING YOUR COMMUNITY

1. 당신 조직은 연결 전략을 가지고 있는가? 그렇다면 그것은 무엇인가?

2. 당신 조직의 관계적 승리를 명확하게 정의한 적이 있는가?

3. 당신 교회는 단계를 생각하는가, 아니면 프로그램을 생각하는가? 단계를 생각하는 것의 장점은 무엇인가?

4. 당신 교회에서 운영되는 많은 프로그램들 가운데 하나가 소그룹이라면, 어떻게 그것들을 당신 교회의 사명과 전략에 보다 일치시킬 수 있겠는가?

11장

CREATING COMMUNITY

쉽게 만들라

몇 년 전, 앤디(Andy)는 교역자 전체 회의에 설계 도면용 종이 몇 장을 가지고 들어왔다. 그는 청색 종이 한 장을 집어들어 회의실 한쪽 바닥 끝에 놓았다. 그러더니 다시 녹색 종이 한 장을 꺼내 9m쯤 떨어진 바닥에 놓았다. 그리고 질문했다. "청색 종이가 소그룹을 상징하고 녹색 종이는 주일 예배를 상징합니다. 어떻게 사람들을 녹색 종이에서 청색 종이로 이동시킬 수 있을까요?" 우리 모두는 그것이 함정 질문이라고 생각했기 때문에, 대답하는 사람이 별로 없었다. 걸핏하면 농담을 해대는 우리 성향을 감안하면, 보통은 늦게 대답하는 것이 현명하다.

앤디는 한 명을 지명하더니, 녹색 종이 위에서 바닥에 발을 대지 않고 9m 떨어진 청색 종이로 이동해보라고 말했다. 그녀는 믿을 수 없다는 듯이 앤디를 바라보며 말했다. "불가능해요. 너무 멀리 떨어져 있잖아요." 그러자 앤디는 녹색 종이 바로 옆에 또 다른 종이 한 장을 놓았다. 그 새로운 '단계(step)'를 이용해 다시 한 번 시도해보라고 말했다. 그녀는 난감한 표정을 지으며 말했다. "그래도 할 수 없어요. 아직도 간격이 너무 커요." 앤디는 재빨리 그녀가 또 다른 종이 한 장을 추가로 제공받았다는 사실을 상기시켰다. 그녀는 이렇게 말했다. "하지만 그 새로운 단계가 전혀 도움이 되지 않아요. 제가 가야 할 곳과 좀더 가까운 곳으로 저를 데려다주지 못하거든요." 그녀의 말은 옳았다. 그것은 분명 새로운 단계였지만, 전략적이지 못했다. 그 새로운 단계는 그녀가 목적지와 좀더 가까운 곳에 가도록 하지 못했다. 그저 '옆으로 새나가는 에너지(sideways energy)'에 불과했다. 그녀가 원하는 곳에 이르는 데는 전혀 도움이 되지 않았다.

앤디는 그 간단한 예증을 통해 어떤 단계가 효과를 발휘하려면 **쉽고, 분명하며, 전략적이어야** 한다는 사실을 가르쳐주었다. 그 단계가 쉽지 않다면, 사람들은 이용할 수 없다. 설사 이용하려고 해도, 대부분 실패하고 만다. 만약 그 단계가 **분명하지** 않다면, 다시 말해 어떻게 그 단계가 사람들에게 원하는 곳으로 데려다줄지 이해할 수 없다면, 사람들은 시도조차 하지 않을지도 모른다. 만약 그 단계가 **전략적이지** 않다면, 사람들이 가야 할 곳으로 데려다주지 못할 것이다. 근사해보일 수는 있다. 그러나 사람들을 정해진 목적지로 데려다주지는 못한다.

어떤 단계가 효과적를 발휘하려면 쉽고, 분명하며, 전략적이어야 한다.

단계 추가하기

결혼한 부부들을 위한 거실 역할을 하는 '단계'는 원래 구역 모임이었다. 구역 모임은 사람들을 관계적으로 연결하고 소그룹으로 이동하도록 돕기 위해 만들어진 중간 규모의 환경이었다. 비슷한 연령대와 거주 지역에 따라 매달 가정에서 모임을 가졌다. 사람들을 불러 모아 함께 교제하는 데 특히 효과적이었다. 그러나 항상 그랬던 것은 아니다.

서로 다른 스케줄과 아이들의 활동 때문에 대부분 출석이 일정하지 못했다. 따라서 그 모임은 사람들을 소그룹으로 연결시키는 데 비효과적이었다. 구역 모임에 한 번 빠지면, 그룹 구성원들 얼굴을 다시 보는 데 두세 달이 걸릴수도 있었다. 그런 이유로 구역 모임은 부부들을 소그룹으로 연결시키는 데에는 결코 쉬운 단계가 아니었다.

부부 대상 구역 모임의 책임자인 레베카 라이언스(Rebecca Lyons)의 효과적인 지도 아래, 그 팀은 새로운 단계를 하나 추가하는 아이디어를 생각해 냈다. 레베카와 그녀의 팀은 구역 모임이라는 개념을 고집하지 않았다. 오히려 사람들을 신속히 소그룹으로 연결시킬 수 있는 이벤트를 추가하여 하나의 단계로 만들었다. 그것을 그룹링크(GroupLink)라고 부른다.

그룹링크

그룹링크는 거주 지역과 연령대가 비슷한 사람들을 연결해 공동체 그룹을 시작할 수 있게 해주는 두 시간짜리 이벤트다. 그룹링크는 보통 그룹을 형성하기에 최적의 시기인 1월, 3월, 8월, 10월 이렇게 1년에 4차례에 걸쳐 개최된다. 그룹링크 시기가 다가오면, 예배 진행 팀은 예배 시간에 소식지와 비디오, 광고를 통해 그룹링크에 대한 인식을 심어주기 위해 애쓴다. 그 외에도, 앤디(Andy)는 적어도 1년에 1번 그룹링크 개최에 맞춰 공동체에 대한 메시지를 전한다. 사람들을 소그룹에 연결시키는 것은 정말로 팀플레이가 요구되는 일이다!

환경 조성하기

미치 밀러(Mitzi Miller)와 그녀의 뛰어난 소그룹 팀은 그룹링크를 정말로 완벽하게 만들어주었다. 그룹링크 경험은 사람들이 도착하는 순간부터 시작된다. 접수 팀이 미리 기다리고 있다가 참석자를 환영하고 그들에게 명찰을 달아준다. 그런 다음, 참석자들은 그들의 연령대에 맞는 환경 속으로 걸어 들어간다. 멋진 방과 아름다운 음악, 푸짐한 전채 요리가 그들을 기다리고 있다. 거기서 그들은 거주지가 비슷한 다른 사람들과 함께 지정된 테이블로 안내된다. 일단 참석자들이 음식을 나누며 친해지는 시간을 가지면 사회자가 나와 환영 인사를 하고 그날 저녁의 목적에 대해 다시 한 번 상기시킨다. 서로 연결되기 원하는 사람들을 불러 모아 소그룹을 형성할 수 있도록 돕는다는 목적 말이다.

테이프 보여주기

사람들은 그날 밤 서로 다른 기대를 가지고 행사에 참여한다. 그 사실을 알고 있기 때문에 우리는 그들이 소그룹으로부터 현실적으로 무엇을 기대할 수 있는지 명확히 이해시키기 위해 10분짜리 비디오를 상영한다. 그 비디오에 나오는 재미있는 장면과 개인적인 증언들은 공동체 그룹이 무엇이며 무엇이 아닌지를 참석자들에게 창의적으로 전달한다. 소그룹은 사교 클럽도, 명상 모임도, 봉사 모임도, 교사 양성 프로그램도 아니라는 점을 강조한다. 그리고 친교와 성경 공부와 기도를 위해 일주일에 1번 가정에서 모이는 그룹이라는 사실을 보여준다. 그런 다음, 몇 사람이 나와 하나님이 소그룹을 통해 그들의 삶을 어떻게 바꾸어놓으셨는지 자신들의 이야기를 나눈다. www.grouplinkvideo.org에 들어가면, 그 비디오를 제대로 볼 수 있다.

낚시 시간

그런 다음, 소그룹 리더들이 소개된다. 그들의 이름과 소그룹, 그들이 모이는 요일이 함께 소개된다. 종종 주변에 앉은 사람들과 이미 새로운 그룹을 형성한 참석자들도 있다. 그런 경우가 아니라면 참석자들은 자신의 필요에 따라 모임 시간과 장소에 가작 적합한 리더의 소그룹에 합류한다. 일단 그룹 정원이 다 차면, 리더는 새 그룹의 정보(이름, 전화번호, 이메일 주소)를 수집하고, 소그룹 멤버들과 함께 시작 날짜를 정한다. 새로 연결된 그룹들은 대부분 그룹링크 개최일로부터 2주 이내에 첫 모임을 시작한다. 그렇게 해서 모든 순서가 마무리되면, 참석자들은 음식을 더 즐길 수도 있고 새 그룹을 이룬 사람들과 함께 이야기를 더 나눌 수도 있다.

간단한 연결

다음 도표가 보여주듯이, 노스포인트의 연결 전략은 아주 간단하다. 참석자들이 소그룹에 연결되는 경로는 오직 세 가지뿐이다. (1)거실 환경에서 이루어지는 관계들, (2)스타팅 포인트에 참석하는 동안 형성되는 관계들, (3)그룹링크를 통해 연결되는 관계들이다. 그 중에서도 그룹링크는 현재 우리가 사람들을 그룹 생활로 연결시키는 중요한 통로 역할을 한다. 그게 전부다. 너무나 간단하지 않은가. 몇몇 소그룹 연결 전략을 보면, 나는 그 과정을 전자 공학 엔지니어들이 만들어냈을 거라고 확신한다. 너무 많은 박스와 선, 너무나 많은 옵션으로 복잡하게 얽혀 있기 때문이다. 사람들이 무엇을 해야 할지, 혹은 어디로 가야 할지 파악하는 데 어려움을 겪는 것도 전혀 이상한 일이 아니다!

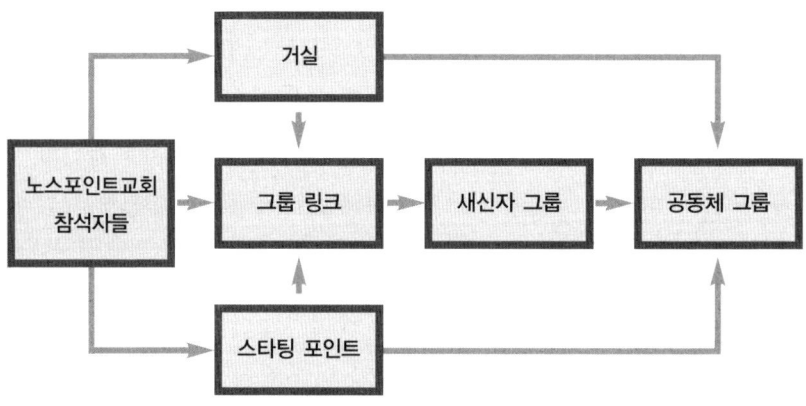

흥미로운 부분이 있다. 우리는 현재 그룹링크 참석자의 90퍼센트를 소그룹으로 연결시키고 있다. 올해는 3,000명 이상을 소그룹으로 연결시키는 것이 우리의 목표다! 이런 우리의 노력이 장기적으로 어떤 의미를 지니게 될지는 오직 하나님만 아실 것이다. 나는 단지 소그룹을 통해 난관에 봉착한 많은 사람들의 결혼 생활이 회복되기를 기대한다. 낙심한 독신자들이 하나님의 가장 좋은 선물을 기다리도록 격려받기를 기대한다. 성공한 비지

니스맨들이 하나님나라의 목적을 위해 자신의 삶을 투자하기를 기대한다. 그들 자신처럼 그리스도와의 관계 속에서 성장하기를 원하는 그들 자신과 같은 사람들이 서로 연결되기 때문에 그 모든 것이 가능하다. 그리고 그들을 연결시켜주는 과정이 이해하고 실행하기 쉽기 때문에 그 모든 것은 가능하다.

스티븐(Stephen)과 제나(Jana)의 경험은 그룹링크에서 여러 차례 소개된 바 있다.

> 한 친구가 우리를 노스포인트에 참석하도록 초대했어요. 정확히 6주 동안 출석한 뒤, 곧바로 노스포인트 교회 공동체(NPCC) 경험에 뛰어들었습니다. 주일 예배에 참석하는 동안에는 아는 사람들을 만날 수 없었지만, 상관 없었어요. 우리는 친구가 많았기 때문에, 또 다른 친구를 사귈 필요가 없었거든요. 그런데 어느 주일 아침, 앤디(Andy)가 바로 그런 생각을 정확히 지적하면서, 공동체 그룹과 그룹링크라는 것에 대해 이야기했죠. 우리는 그날 노스포인트에서 좀더 열심히 신앙 생활하기로 결심하고 등록했답니다.
>
> 앤디는 그룹링크에 참여하는 것이 데이트와 비슷할 거라고 이야기했는데, 정말 그렇더군요! 우리는 우리 주변에 사는 사람들이 아무도 없을 거라고 생각했어요. 그런데 학생부실인 애틱(Attic)이 30, 40대 부부로 가득 차 있었어요. 안면이 있는 사람은 한 명도 없더군요. 자리에서 일어나 사람들과 자연스럽게 어울리라는 말을 듣고 일어났어요. 잠시 돌아다니다 바로 우리 옆에 있던 3쌍의 부부와 대화하기 시작했죠. 2쌍이 더 우리 쪽으로 걸어와 합류했답니다. 하나님께서는 우리가 깨닫

기도 전에 이미 우리 지역에 사는 다른 사람들로 공동체 그룹을 만들어놓으셨더군요. 우리는 한 걸음도 뗄 필요가 없었습니다. 그 토요일 밤 우리는 약간 흥분된 상태로 집에 들어갔답니다. 모든 것이 너무 간단하고 쉬웠어요.

당신 교회의 연결 과정은 어떤가? 소그룹의 잠재력을 인식할 수 있을 정도로 유용한가? 서로 관계가 없는 사람들을 연결시키는 데 도움이 되는가? 그룹링크가 사람들을 그룹에 연결시키는 유일한 방법은 분명 아니다. 그러나 우리에게는 매우 효과적이었다. 그 과정이 **쉽고**(회보나 온라인을 통해서도 등록이 가능하다), **분명하며**(그룹링크는 소그룹에 참여하기 원하는 사람들을 위해 만들어진 단계다), **전략적이다**(그룹링크는 우리가 사람들을 데려가기 원하는 곳으로 데려다준다). 그것이 사람들을 소그룹으로 연결시키는 데 매우 유용하다는 사실은 이미 검증되었다.

그러나 한 가지 의문이 제기된다. 만약 5주가 지난 뒤에도 함께 연결된 사람들과 도저히 잘 지낼 수 없다는 사실을 깨닫는다면 어떻게 하겠는가? 일단 그룹이 형성되었는데, 시간이 지나도 잘 융화되지 않는다면 어떻게 되겠는가? 이러지도 저러지도 못하는 상황에 빠지는 것일까? 병에 걸려 참석할 수 없다고 둘러대야 하는 것일까? 꾹 참고 18개월 동안은 견뎌야 하는 것일까? 당신이라면 어떻게 할 것인가?

당신의 공동체를 만들라
CREATING YOUR COMMUNITY

1. 당신 교회에서는 공동체를 구성하는 데 어떤 단계들을 거치는가?

2. 그 단계들은 쉬운가? 어떻게 하면 더 쉽게 만들 수 있겠는가?

3. 그 단계들은 분명한가? 어떻게 하면 더 분명하게 만들 수 있겠는가?

4. 그 단계들은 전략적인가? 어떻게 하면 사람들을 올바른 방향으로 인도하는 데 그 단계들이 더 효과적으로 작용할 수 있겠는가?

5. 당신 교회는 너무나 많은 단계들을 가지고 있는가? 아니면 너무 적게 가지고 있는가?

12장
CREATING COMMUNITY

구입하기 전에 시험해보라

자동차 딜러들은 점점 더 영리해지고 있다. 그들은 사람들이 자동차를 구입하거나 임대하기를 주저하는 이유 가운데 하나가 두려움이라는 사실을 알고 있다. 요즘은 선택할 수 있는 대안들이 너무 많다. 소비자들은 혹시 잘못된 결정을 내릴까봐 겁을 낸다. 이른바 '구매자의 후회'라는 치명적인 질병에 걸릴까봐 두려워한다. 소심한 소비자들은 자동차를 구매한 후에 더 저렴한 자동차나 더 좋은 모델을 구입할 수도 있었다는 사실을 알게 되는 걸 질색한다. 그러나 일단 자동차를 구입하면, 함정에 빠진 것이다. 탈출구는 전혀 없다. 그 구매로 인해 애를 먹는다. 적어도 대출금을 다 갚거나 임대

계약이 끝날 때까지는 말이다.

당신도 그런 병으로 고생한 경험이 있을 것이다. 사실, 대부분이 그런 경험을 한다. 그 결과는? 뭔가를 살 때 우유부단해지는 것이다. 스스로의 판단 능력을 의심하기 시작한다. 다음에 살 때는 더 머뭇거리게 된다.

그래서 몇몇 자동차 제조업체들은 잠재 고객에게 자동차를 집으로 가져가 테스트해보도록 허용하기 시작했다. 그것이 바로 '구입하기 전에 시험해보기' 개념이다. 사용해보라. 마음에 들면 계속 가지고 있고, 마음에 들지 않을 경우 반납하면 그만이다. 이유는 묻지 않겠다. 그런 판매 전략은 구매자에게 그 자동차에 익숙해질 수 있는 기회와, 그것이 자신에게 딱 맞는 모델임을 확인할 수 있는 시간을 준다. 그 차가 마음에 들지 않거나 더 나은 모델을 발견할 경우, 그것을 계속 소유할 필요가 없다. 하지만 대부분의 소비자들은 그 차를 그냥 가지게 된다. 제조사들이 그런 제안을 하는 것도 그 때문이다. 영리한 전략이다.

8주짜리 데이트

개인이 소그룹에 참여하는 데 있어 방해 요소 가운데 하나가 바로 이런 의사 결정 공포증(decision-making phobia)이다. 어떤 사람들은 소그룹에 참여했다가 함정에 빠질까봐 두려워한다. 몇 주 해보니, 그 그룹이 자신이 원하거나 기대한 것이 아닐까봐, 그리고 **그때는** 너무 늦을까봐 말이다. 그들은 이러지도 저러지도 못할 것이다. 그리고 향후 18개월에서 24개월 동안, 잘못된 의사 결정의 대가로 소그룹 지옥을 경험하게 된다. 그러니 사람들은 애써 소그룹에 참여하려고 하지도 않는다. 고독 속에 남아 있는 편이 오히려 낫다. 그들은 결국 소그룹이 줄 수 있는 모든 유익을 놓치게 된다.

> 새신자 그룹은 8주 동안 '데이트하는' 모임이다.

그룹링크가 독특한 이유가 바로 여기에 있다. 우리는 자기가 모르는 사람들과 장기적인 그룹에 헌신하라고 요구하지 않는다. 그것은 불합리하다고 생각하기 때문이다. 그룹링크 참여자들은 8주 동안 '데이트하는' 모임인 새신자 그룹(starter group)에 합류하고 그날 행사를 마친다. 그 그룹이 잘 융화되면, 그들은 제대로 기능하는 공동체 그룹이 되어 계약 기간이 끝날 때까지 계속 모임을 갖는다. 그룹으로 연결되지 않더라도 나쁜 감정은 없다. 이유도 묻지 않는다. 그저 다음 그룹링크에 참석해 다시 시도하면 된다. 그러나 대개는 그럴 필요가 없다. 그룹링크에서 맺어진 그룹의 90퍼센트 이상이 8주 후에도 계속 이어진다. 하나님은 사람들을 한 곳으로 불러 모으는 일을 기가 막히게 잘 하신다. 그리고 우리는 그 과정 내내 그들에게 마음의 평화를 줄 수 있는 '구실'(out)을 준다.

또한 새신자 그룹들이 성공할 수 있도록 돕기 위해 여러 가지 조치를 취한다.

교역자 코치

8주 동안 모든 새신자 그룹의 리더에게 각각 1명의 교역자가 배정된다. 그 교역자의 역할은 그룹의 진행 상황을 모니터하고 그 그룹의 리더를 지도하는 것이다. 교역자들에게 그 '데이트' 기간 동안 각각의 새신자 그룹 리더와 적어도 2번 이상 만나도록 권장한다.

새 그룹 형성을 위한 DVD

우리는 모든 새신자 그룹에게 DVD를 주고 첫 번째 모임 때 상영하도록 한다. 그 DVD는 노스포인트 공동체 그룹의 목적과 우선 순위를 다시 한 번 강조하고, 그들이 그룹 경험을 최대한 활용하기 위해서 할 수 있는 몇 가지 일들에 관해서 이야기해준다. 그들이 그룹으로부터 무엇을 기대할 수 있으며, 그룹은 그들에게 무엇을 기대하는지(다시 말해 능동적이고 지속적인 참여를) 다시 한 번 상기시킨다. 우리는 시작부터 분명한 기대치를 설정하는 것이 성공적인 그룹을 위한 중요한 처방이라고 생각한다.

> 시작부터 분명한 기대치를 설정하는 것이 성공적인 그룹을 위한 중요한 처방이다.

리더를 위한 지침과 커리큘럼

각 리더는 새신자 그룹을 위한 리더 지침을 받는다. 그 지침은 네 부분으로 구성되어 있다. 첫 번째는 그룹의 순조로운 운영 방식과 모임 횟수 같은 문제의 조정, 커리큘럼보다 그룹 내 관계에 우선 순위를 두는 방침에 관한 지침이다. 두 번째는 새신자 커리큘럼에 대한 전체 개요와 몇 가지 주의 사항을 언급하고 있다. 우리는 새신자 그룹 기간 동안 모든 참여자들에게 커리큘럼을 제공하고 있다. 그들이 잘 시작할 수 있도록 돕기 위해서다. 세 번째 부분은 8주에 걸쳐 달성해야 할 주 단위 목표를 제시하고 있다. 매 모임마다 달성해야 할 목표와, 대화를 풀어가는 데 유용한 조언 그리고 그날 밤 토론 주제에 초점을 맞춘 리더를 위한 참고 사항이 포함되어 있다.

마지막 부분이 특히 중요하다. 그것은 '다음 단계'를 위한 부분으로, 새 신자 그룹 기간이 종료된 후 리더들에게 적절한 다음 단계를 안내해준다. 다음 커리큘럼에 대한 몇 가지 정보와 앞으로 예정된 훈련 기회에 대해 알려주며, 그룹 리더들에게 서약서를 작성하도록 상기시킨다.

구입하기 전에 시험해보라. 그것은 많은 산업 분야에서 성공적으로 적용되는 개념이다. 그리고 현재 노스포인트의 공동체 그룹 사역에서도 효과를 발휘하고 있다. 참여자들에게 마음의 평화를 줄 뿐만 아니라, 그룹 활동이 성공할 수 있도록 준비시키는 역할을 한다.

단순한 것이 더 낫다

이것이 단순한 연결 전략의 전부다. 연결은 단순할 필요가 있다. 사람들이 그룹에 들어오지 않는다면, 그들에게 소그룹의 유익을 전달할 수도 없다. 우리는 우리의 사역 환경이 어떻게 사람들을 연결하고, 결국 그들을 그룹 생활로 이동시키는지 묘사하는 다양한 단계들을 생각해냄으로써 이 문제에 대처했다. 그리고 그 단계들이 사람들이 따라올 만큼 쉽지 않다는 것을 파악했다. 그래서 "구입하기 전에 시험해보라"는 조건을 걸고 그룹링크라는 새로운 단계를 추가했다. 많은 노력이 필요한 일이기는 했다. 그러나 연결이 끊긴 채 고립되어 외로움을 느끼며 살아가는 대안을 선택할 수는 없지 않은가. 연결되어 있는 사람들만이 그리스도와의 관계 속에서 성장하도록 온전한 인도를 받는다. 연결되어 있는 사람들만이 하나님과의 친밀한 교제, 성도들과의 공동체 형성, 믿지 않는 사람들에게 영향력을 끼치는 삶을 추구해나가도록 격려받는다. 연결되어 있는 사람들만이 장기간에 걸쳐 변화될 수 있다. 모든 것의 목적은 그것 아니겠는가.

당신의 공동체를 만들라
CREATING YOUR COMMUNITY

1. 사람들의 소그룹 참여를 방해하는 요소에는 어떤 것들이 있는가?

2. 잘못된 그룹에 들어가 이러지도 저러지도 못하게 될까봐 두려워해본 적 있는가? "구입하기 전에 시험해보라"는 옵션이 있다면, 그 두려움을 완화시켜 줄 수 있겠는가?

3. 시작부터 분명한 기대치를 설정하는 것이 소그룹 성공에 왜 그렇게 중요한가? 어떻게 하면 당신의 환경에서 그것을 효과적으로 실행에 옮길 수 있겠는가?

4. 당신은 새로운 그룹의 리더에게 어떤 도구들을 제공하고 있는가? 그들이 성공할 수 있도록 더 잘 돕기 위해서 더 필요한 사항은 혹시 없는가?

CREATING COMMUNITY

연결 과정은
현실성을 필요로 한다

13장

CREATING COMMUNITY

현실성 있게 대처하라

 요즘 황금 시간대에 TV를 켜보면, 리얼리티 쇼(reality show)를 보게 될 확률이 높다. 그런 쇼들이 넘쳐나는 요인에는 여러 가지가 있을 수 있지만, 한 가지만은 분명하다. 그들은 여기에 진짜로 존재한다는 것이다. 시청자들은 진짜 세상에서 진짜 사람들이 진짜 문제를 다루는 것을 보는 쪽에 찬성표를 던진다. 대본에 결말이 다 나와 있는 시시한 시트콤에 싫증이 난 것이다. 그래서 수백만 명의 사람들이 리얼리티 쇼로 채널을 돌리고 있다.

 소그룹이 효과적으로 기능하기 위해서는 우리가 만드는 시스템들도 현실에 바탕을 두어야 한다. 기대치는 합리적이어야 하고, 그 연결 과정은 현실 세상에 살고 있는 사람들을 위해서 만들어져야 한다. 그렇지 않으면, 그룹을 돕기 위해 만들어진 그 시스템들은 비현실적인 각본에 불과하다.

현실 세상에 살고 있기 때문에

얼마 전에 아주 재미있는 항공사 광고가 방송된 적이 있었다. 한 영업사원이 책상에 앉아 고객들의 전화를 받는 모습을 표현한 광고였다. 고객들은 모두 그와 만나기를 원했다. 모든 영업사원들의 꿈이 아니겠는가. 그러나 문제가 있었다. 그들은 모두 같은 주에 그와 만나기를 원했지만, 하나같이 다른 도시에 거주하고 있었던 것이다. "화요일에 멤피스에서요? 예, 가능합니다. 수요일에 달라스에서요? 예, 갈 수 있고 말고요. 리틀 락에서 목요일이요? 예, 갈 수 있습니다. 금요일에 디트로이트에서요? 예, 찾아뵐 수 있습니다." 그는 마지막 통화를 끝낸 후, 수화기를 올려놓으며 이렇게 말한다. "그런데, 이제 어떻게 하지?" 그 영업사원은 자신이 방금 한 약속들을 지킬 수 없다는 사실을 알고 있었다. 그는 모든 약속을 지키고 싶었지만, 고객들과 약속하는 순간에 현실성 있게 대처하지 않았다.

몇 년 전 우리 소그룹 시스템도 비슷한 상황에 처한 적이 있었다. 우리는 세 단계의 리더십으로 구성된 일종의 메타 모델(Meta model)을 사용했다. 그것은 그룹 리더, 코치(자원 봉사자), 부문 리더(교역자)로 이루어졌다. 현재 코치는 5명에서 7명의 그룹 리더를 돌보는 책임을 맡고 있다. 당시 코치의 직무 내용 기술서를 보았다면, 그들에 대한 기대치가 분명했음을 알 수 있다. 우리가 코치들에게 요구한 것은 단지 1년에 3차례 자신의 그룹 리더들과 함께 모임을 갖는 것이었다. 또한 단지 1년에 6차례 자신의 그룹 리더들을 일대일로 만나는 것이었다. 그리고 1년에 4차례 예정된 이벤트에 참석하고, 1년에 1번 그룹링크에 참여하는 것**뿐**이었다. 코치들에 대한 우리의 기대치는 매우 분명했고, 그만큼 확실했다. 문제는 그게 아니었다.

교역자 가운데 앨 스콧(Al Scott)은 전략 개발 회의에서 그의 코치들이 힘들어하고 있다는 사실을 언급했다. 그 이유는 우리가 그들에게 너무 많은 것을 요구하기 때문이라고 말했다. 그의 주장에 따르면, 우리의 기대치는 비현실적이었다. 교역자들의 처음 반응은 부정적이었다. 그러나 잠시 시간을 갖고 그점에 대해 곰곰이 생각해보자, 앨의 말이 옳다는 것을 깨달았다. 나 자신도 코치였을 때, 나 역시 그 모든 요구 사항을 지킬 수 없었지 않은가! 우리의 기대치를 모두 합쳐보면, 보통 코치들은 1년에 40차례 모임을 갖거나 인도해야 했다. 그뿐 아니라 우리는 코치가 하나의 그룹에 참여하기를 원했다. 우리는 경험을 통해 보통 자원 봉사자가 1년에 20가지 이상의 일을 할 시간이 없다는 사실을 이미 알고 있었다. 그런데 우리는 코치들에게 그 2배의 일을 요구했던 것이다. 그들이 힘들어하는 것은 어찌보면 당연했다! 코치들은 실패할 수밖에 없는 환경에 있었던 것이다. 그래서 우리는 그들의 직무 부담의 60퍼센트를 줄였고, 반드시 필요한 모임에만 참여시켰다.

소그룹과 관련된 과정은 보통 사람을 염두에 두고 운영되어야 한다.

그룹들이 효과를 발휘하려면, 시행하는 과정들이 현실적이어야 한다. 보통 사람을 염두에 두고 운영되어야 한다는 말이다. 사람들은 변화를 만들어내는 데 기여하고 싶어한다. 그러나 한편으로 그들에게는 다른 중요한 책무도 있다. 가족과 친구, 직장같이 우선적으로 관심을 기울여야 할 일들이 있다. 당신의 리더십 훈련 과정은 현실적인가? 그것은 스스로 물어야 하는 훌륭한 질문이다.

합리적인 자격 조건

자문해야 할 또 다른 질문이 있다. 리더를 선택하는 기준이 얼마나 합리적인가 하는 것이다. 자격 있는 사람이 소그룹 리더로 섬겨야 한다는 데는 나도 전적으로 동의한다. 그러나 일부 교회의 선발 기준을 보면, 마치 먼저 공식적으로 성인으로 추대되어야 할 것처럼 보인다. 자격 조건을 따지는 것은 일부 사람들의 리더십을 제한하려는 것이지, 모든 사람을 제외시키려는 의도가 아니다!

그룹 모임을 인도하는 사람과 그룹을 이끌어가는 사람을 구분해야 한다. 그룹 모임을 인도하는 사람은 토론을 진행하는 데 심적 부담을 느끼지 않는 사람이라면 그룹 내에서 누구든 가능하다. 이렇게 참여를 보다 폭넓게 정의하는 것의 가치는 매우 크다. 그로 인해 발생할 수 있는 위험을 상쇄하고도 남는다는 것이 우리의 생각이다. 그룹 모임 인도자가 일으킬 수 있는 최악의 문제라고 해봐야 무엇이 있겠는가? 그러나 한 개인이 성경의 진리를 준비하고 서로 의사를 교환하며 시간을 보낸 후에 얻게 될 잠재적 이득은 매우 크다. 그 때문에, 우리는 토론을 인도하는 역할을 서로 돌아가면서 맡도록 권장한다.

> 자격 조건을 따지는 것은 일부 사람들의 리더십을 제한하려는 것이지, 모든 사람을 제외시키려는 의도가 아니다.

반면, 그룹을 이끌거나 감독하는 사람은 우리가 기대하는 다섯 가지 합리적인 기준을 충족시키는 사람이어야 한다.

첫째, 리더는 **연결되어 있는** 사람이어야 한다. 노스포인트의 등록 교인이어야 한다는 말이다. 우리에게 등록이라는 말은, 그 사람이 그리스도의 제자라는 말과 같다. 사람들이 예수 그리스도와의 관계 속에서 성장하도록 인도한다는 사명에 대해 우리와 파트너가 되기를 공식적으로 원한다는 의미이기도 하다.

둘째, 리더는 **인격**을 갖추고 있어야 한다. 그들은 다른 사람들에게 존경과 칭찬의 대상이 되어야 한다.

셋째, 리더는 우리의 **그룹 문화**를 받아들여야 한다. 견습 제도와 배가 과정을 포함하여 우리의 소그룹 전략과 가치 기준에 동의하고, 지지해야 한다는 의미다.

넷째, 리더는 교역자나 다른 리더들과 **좋은 관계**를 맺어야 한다. 팀플레이를 잘 해야 할 뿐만 아니라, 주변에 있는 사람들에게 유익을 줄 수 있는 유형의 사람이어야 한다.

다섯째, 리더는 어느 정도의 **능력**을 갖추고 있어야 한다. 그룹을 감독하는 일에서, 종전의 리더십 역할에서든 견습생으로서든, 과거에 그룹 리더로 섬기면서 열정과 능력이 검증된 사람이어야 한다.

첫 번째 기준은 등록 절차를 통해 주어지며, 나머지 네 가지 기준은 리더 지원서와 교역자 면접을 통해 검증된다.

현실적인 기대치

합리성에 대한 요구가 리더의 자격 조건에만 따르는 것은 아니다. 우리의 기대치도 합리적이어야 한다. 자격 조건이 누가 그룹을 이끌어야 하는지를 명확히 하는 것이라면, 기대치는 그 리더가 그룹을 이끌 때 무엇을 해야 하는지 분명히 하는 것이다. 리더에 대한 기대치가 비현실적이거나 분명하지 않다면, 코치의 경우와 마찬가지로 그룹의 효율성이 떨어질 수밖에 없다.

리더의 역할은 간단히 두 가지 방법으로 목양자로 섬기는 것이다. 그룹을 활성화시키고 감독하는 것이다.

그룹을 활성화시킨다는 것은 그룹의 조직을 활성화시킨다는 의미다. 그것은 그룹의 운영 과정과 더 관련이 깊다. 그룹의 구성 절차나 그룹을 어디로 이끌어야 하는지, 어디에서 언제 만나는지, 누가 그룹을 이끌 것인지 그리고 무엇을 공부할 것인지와 같은 문제를 다루는 것이다.

그룹을 감독한다는 것은 그룹의 활기나 건강도를 점검한다는 의미다. 그것은 사람들과 더 관련이 깊은 문제들이다. 어느 정도 사람들이 서로 연결되어 있다고 느끼는지, 얼마나 허심탄회하게 서로의 삶을 나누는지, 얼마나 많이 성장하고 있는지 그리고 그룹이 배가할 준비가 되어 있는지 등과 같은 문제들이다(그룹 리더의 완전한 직무 기술서는 부록 B를 참조하라).

기꺼이 변하려는 태도

이 장을 시작하면서 그룹이 제대로 기능하려면 그룹과 관련된 과정들이

제 역할을 다해야 한다고 말했다. 현실적이어야 한다는 말이다. 서류상으로는 좋아보이지 않을 수도 있다. 어쩌면 시스템의 구석구석을 보다 면밀하게 살펴보아야 할지도 모른다는 의미다. 때로는 시스템을 전면적으로 정비해야 할 수도 있다.

우리도 최근 그런 경우를 경험했다.

앞서 언급한 대로, 우리의 그룹 운영 과정은 리더들을 이끌어주는 자원봉사 코치들에게 의존해왔다. 그 코치들에게는 1년에 2차례 주요 훈련 이벤트에 참여하는 것 말고 5명의 리더를 이끌며 육성하는 임무가 있었다. 코치에 대한 우리의 기대치가 비현실적이라는 사실을 인식한 후, 우리는 곧바로 그 문제를 수정했다. 그러나 이후에도, 근본적인 부분에 훨씬 큰 결함이 있다는 사실을 발견했다. 더 깊이 파고들 수밖에 없었다.

우리는 자원 봉사 코치가 자신의 그룹 리더들을 일관성 있게 육성하는 것이 합리적이라고 생각했다. 그러나 그렇지 않다는 사실을 발견했다. 코치가 자신의 그룹들을 감독하는 것은 이치에 맞지만 그룹 리더들을 육성하는 것은 합리적이지 않으며, 그 둘 사이에는 큰 차이가 있음을 깨달았다. 나와 비슷한 처지의 친구들과 이야기를 나눠보면, 항상 코칭(coaching)이 가장 큰 난제이며, 규모와 상관없이 모든 그룹 시스템의 아킬레스건이라는 말을 듣는다. 예외 없다. 그래서 우리는 리더 지도 방법을 변경했다. '중간 층(middle man)'을 없애고 지도 감독 책임을 교역자인 그룹 디렉터에게 직접 부여한 것이다. 메타 모델에서는 그들을 부문 리더(division leaders)라고 부른다.

종전에 15명의 코치를 통해 75명의 그룹 리더를 지도하던 그룹 디렉터들(교역자들)은 이제 60명의 그룹 리더만 지도 육성하면 된다(완전한 디렉터 직무 기술서는 부록 A를 참조하라). 이런 리더 지도 방법의 변경은 매우 만족스러웠다. 코치들도 마찬가지였다. 우리 모두는 이 변화로 인해 리더 육성 방법이 개선되고, 디렉터들은 본인이 맡은 그룹의 성공과 효과를 증대시키는 데 있어 더 직접적이고 큰 영향력을 행사하게 될 것이라고 확신한다. 우리 모델에 대한 이런 미세 조정이 엄청난 진보이기를 바라지만, 그것이 마지막 변화는 아닐 것이다. 속담에 있듯이, 더 이상 변화하지 않는다면, 다 산 것이 아니겠는가.

합리적인 자격 조건, 현실적인 기대치 그리고 때때로 이루어지는 조정. 이 세 가지 모두가 현실성 있게 대처하는 그룹 시스템에 필수 요소라는 사실을 명심하라.

당신의 공동체를 만들라 CREATING YOUR COMMUNITY

1. 리더를 선택하는 당신의 기준은 무엇인가? 그 기준은 합리적인가?

2. 그룹 멤버들이 돌아가면서 그룹 모임을 인도하도록 허용하는 것의 장점과 단점은 무엇인가?

3. 당신은 그룹 리더들에게 어떤 기대치를 가지고 있는가? 그 기대치는 분명하고 합리적인가?

4. 당신이 채택하고 있는 리더십 구조의 강점과 약점은 무엇인가? 어떤 변화가 이루어져야 하는 상황인가?

14장

CREATING COMMUNITY

더 큰 효과를 위해 더 적게 훈련하라

나는 지금까지 기회 있을 때마다 '방법론(how-to)'에 관한 회의나 세미나에 참석했다. 그런 회의들은 어떻게 살 것인가, 어떻게 기도할 것인가, 어떻게 성장할 것인가, 어떻게 삶을 나눌 것인가, 어떻게 상담할 것인가, 어떻게 의사 소통할 것인가, 어떻게 결혼할 것인가, 어떻게 충돌을 다룰 것인가(그 둘은 서로 모순이지 않는가?), 어떻게 하나님과 시간을 보낼 것인가, 어떻게 아이들을 양육할 것인가, 어떻게 소그룹을 인도할 것인가, 어떻게 팀을 이끌 것인가, 다양한 개성을 지닌 사람들과 어떻게 함께 일할 것인가 등등의 주제를 다루고 있다.

그런 모임들은 보통 장시간에 걸쳐 진행되며 적용할 수 있는 것보다 더 많은 정보를 제공하는 경우가 많다. 그러나 그런 모임 때마다 나만의 노트를 얻게 된다. 그 값비싼 바인더들 속에는 내가 참석했던 수많은 강의로부터 받아 적은 메모들이 들어 있다. 그 가운데는 이미 과부하가 걸린 내 삶에 적용해보려고 결심했던 것들의 목록도 포함되어 있다. 여러 해 동안, 그런 회합에 참석한 후의 내 일과는 뻔한 것이었다. 새로 얻은 노트를 꺼내 캐비닛 속에 집어넣고 마지막으로 한 번 더 쳐다본다. 그러고나서 약간 죄책감을 느끼며 문을 닫는다. 그리고 일상의 삶으로 돌아가는 것이다. 정보의 홍수 속에서 나는 압박감을 느끼는 여느 사람들과 마찬가지로 행동할 수밖에 없었다. 노트를 보이지 않는 곳에 치워버림으로써, 죄책감을 없애버리는 것이다. 당신도 그런 경험이 있는가?

몇 년 전, 한 친구는 내게 학습 과정을 좀더 효율적으로 관리하라고 조언했다. 새로운 정보를 접할 때마다 핵심 요점을 기록하라는 것이었다. 출처는 회의 시간일 수도 있고, 하나님과 함께하는 시간일 수도 있다. 때로는 설교나 일주일 동안 열리는 행사일 수도 있다. 한 시간짜리 모임이나 주말 수련회일 수도 있다. 하지만 그 과정은 언제나 동일했다. 새로운 정보에서 몇 가지 요점만 요약하거나, 가장 중요한 요소들을 뽑아 정리하는 것이다. 그런 과정은 내가 단순히 정보의 습득자에서 정보의 적용자로 변신하기 위해 노력할 때 많은 도움이 되었다.

더 많이, 아니면 더 적게?

다시 한 번 강조한다. 그룹이 제대로 기능하려면, 그룹과 관련된 시스템

이제 역할을 다해야 한다. 그룹의 시스템이 현실적이어야 한다는 의미다. 진짜 세상에 살고 있는 진짜 사람들을 위해 만들어져야 한다는 말이다.

예를 들어, 대부분의 리더 훈련 프로그램은 '다다익선(more is more)' 방식을 택하고 있다. 사람들을 많은 정보에 노출시킬 효과적인 훈련임을 암시한다. 많을수록 좋다는 것이다. 리더들이 더 많은 정보에 노출될수록 그룹을 더 잘 이끌 준비가 된다는 가정을 전제로 하고 있다. 그러나 그것은 선반 위에서 먼지만 뒤집어쓰고 있는 세미나 노트 같다. 그룹을 제대로 이끌 수 있도록 리더를 준비시키는 것은 정보의 습득이 아니다. 오히려 올바른 정보(right information)의 적용이다. 사람들은 알아두면 좋은 무수히 많은 정보가 아니라 꼭 알아야 할 필요가 있는 핵심 원리를 중심으로 훈련되어야 한다.

"더 큰 효과를 위해 더 적게 훈련하라(train less for more)"는 개념은 「성공하는 사역자의 7가지 습관」에 소개된 "적게 가르쳐 효과를 높이라"는 습관에서 비롯된 것이다. 더 적게 가르칠 때, 사실상 사람들의 학습 효과를 높일 수 있다는 원칙이다.

당신이 가르치기로 선택한 것들은 사람들이 반드시 들어야 하는 것들로 한정되어야 한다. 다시 말해, 타깃 청중에게 가장 적절한 핵심 원리들이어야 한다는 말이다. 그것이 바로 우리가 말하는 학습의 '최소 기본 단위(irreducible minimums of learning)'다.

당신이 조직 내에서 훈련을 책임지고 있다면, 정보의 우선 순위를 정하는 방법을 배워야 한다. 타깃 청중이 꼭 알아야 하는 것이 무엇인지 꿰뚫어볼 수 있어야 한다. 또한 가장 중요한 것과 단순히 흥미로운 것을 구분할 줄 알아야 한다. 왜? 당신에게는 그들과 의사소통할 수 있는 시간이 제한되어 있기 때문이다. 그리고 정보에 관한 한, 모든 지식이 똑같이 중요한 것도 아니다. 알면 좋은 사실들도 있고, 정말로 흥미로운 정보들도 있다. 그러나 훨씬 더 중요한 사실이 있다. 그것은 당신 조직의 특정 개인들이 반드시 알아야 할 지식들이 있다는 점이다. 훌륭한 교사는 제일 먼저 다른 사람들이 반드시 알아야 하는 것이 무엇인지 확인한다.[30]

"더 큰 효과를 위해 더 적게 훈련한다"는 개념은 리더들에게 무엇을 훈련시켜야 할지 그 범위를 좁힌다는 의미다. 그럼으로써 가장 중요한 것들에 대해 더 많이 이야기해줄 수 있다. 이 방법은 리더들이 자신의 역할을 효과적으로 수행하기 위해 반드시 알아야 하는 것이 무엇인지 확인하는 것에서부터 시작된다. 우리는 그들이 모든 것을 알기를 바라지 않는다. 그들이 알아야 하는, 더 이상 줄일 수 없는 최소 기본 단위만 알면 된다. 어떤 것들은 다른 사항들보다 리더들이 알고 실행하는 데 있어 더 중요하기 때문이다.

> 어떤 것들은 다른 사항들보다 리더들이 알고 실행하는 데 있어 중요하다.

기본 요소

우리는 일찍이 공동체 그룹 리더들이 알아야 할 최소 기본 단위들을 생각해냈다. 그룹을 잘 이끌기 위한 이 여섯 가지 기본 요소는 반드시 필요한 것들이라고 생각한다. 리더들이 이 여섯 가지 기본 요소를 우선적으로 실행

한다면, 자기 그룹을 매우 효과적으로 이끌 수 있을 것이다.

삶의 변화를 생각하라

빌 하이벨스(Bill Hybels)는 비전은 새기 마련이라고 말했다. 그것은 그룹의 비전과 목적에도 해당되는 말이다. 그룹들은 본래의 주된 목적을 잃고 표류하기 쉽다. 따라서 이 가치 기준은 리더들에게 우리가 소그룹을 운영하는 이유를 상기시켜 참여자들이 진정한 공동체와 영적 성장을 경험할 수 있도록 예측 가능한 환경을 만드는 것을 말한다. 그것은 하나님이 소그룹 멤버들의 삶 속에서 역사하시는 환경이다. 사람들의 삶이 변화하는 소그룹, 그것이 바로 우리의 목표다. 리더들에게 삶의 변화라는 목표를 계속해서 상기시켜주는 것은 자기 소그룹의 목적 의식을 잃지 않도록 도전한다.

관계를 촉진하라

이것은 리더들이 어떻게 그룹 내에 공동체 의식을 구축할 것인가에 초점을 맞추고 있다. 우리는 그들에게 관계는 은행 계좌와 같다는 사실을 상기시킨다. 관계는 그냥 만들어지지 않는다. 정기적이고 의도적인 축적이 필요하다. 리더들이 초기에 취할 수 있는 가장 중요한 조치 하나는 그룹 내에 관계의 자본을 축적하는 것이다. 우리는 리더들에게 그룹을 형성하고 6개월 이내에 1박 여행 같은 행사를 계획하라고 권한다. 멤버들 사이의 관계를 지속적으로 촉진하기 위해서 관계의 자본을 계속해서 축적해나가야 한다. 다음은 관계의 축적을 위한 예다.

- 봉사 사역 팀에서 함께 자원 봉사하기

- 격월로 새로운 멤버나 부부와 서로 자기 소개를 하고 외출하기
- 가족 동반 모임 갖기(풀장 파티, 야외 파티, 캠핑 여행 등)
- 단기 선교 프로젝트에 함께 참여하기
- 부부 그룹일 경우, 남녀로 나누어 기도하기

잘 계획된 관계의 축적은 그룹의 대차대조표에서 더 큰 만족을 준다.

관계는 은행 계좌와 같기 때문에, 정기적이고 의도적인 축적이 필요하다.

적극적인 참여를 장려하라

우리의 보다 고무적인 소그룹 경험 가운데 하나는 비교적 말이 없는 멤버가 처음으로 모임을 인도했을 때 일어났다. 그때까지는 본 적이 없는 방식으로 자신의 삶에 대해 미리 준비해온 것을 나누는 모습은 정말 흥미로웠다. 모임을 인도해봄으로써 그는 앞으로 더 적극적으로 참여할 수 있는 자신감을 얻게 되었다.

이 기본 요소는 리더가 그룹 모임을 어떻게 인도할 것인지에 초점을 맞추고 있다. 참여 의식의 공유는 멤버들에게 그룹에 대한 주인 의식을 강화시켜준다. 그 사실은 모든 멤버가 그룹 모임의 운영과 리더십에 자주 참여할 수 있도록 격려해야 한다는 점을 리더들에게 상기시킨다.

또한 이것은 리더들에게 커리큘럼의 강사가 아닌 토론의 항법사가 되어, 그룹 멤버들의 참여를 촉진해야 한다는 사실을 환기시킨다. 그 차이는 대단히 중요하다. 리더들이 자유 해답식의 질문을 던질 때마다, 그들은 사

실상 그룹 멤버들에게 참여하라고 초대하고 있는 것이다. 우리는 사람들이 정답을 이야기하기보다는 자기 삶을 나누기를 원한다.

> 우리는 사람들이 정답을 이야기하기보다는 자기 삶을 나누기를 원한다.

당신을 대신할 사람을 세우라

이 기본 요소는 리더들에게 장래 리더십을 위해 그룹 내 누군가를 의도적으로 훈련시키도록 권한다. 견습생은 단순히 리더를 보조하는 것이 아니라 그를 대신할 능력이 있는 사람이다. 사람들은 꼭 알아야 할 필요가 있는 것들만 배울 때가 많다. 그래서 우리는 견습 제도가 소그룹 리더를 발굴하고 훈련시키는 데 가장 효과적인 방법임을 깨달았다. 누군가를 시합에 투입할 때, 더 빨리 배운다. 우리는 리더들에게 소그룹을 형성하고 6개월 이내에 견습생을 발굴하도록 격려한다. 그것을 통해 소그룹 계약 기간이 종료될 즈음에는 그들이 배가할 준비가 완전히 갖춰진 상태가 되었음을 확인할 수 있다.

돌봄을 제공하라

이 원고를 집필하는 동안, 우리 그룹 리더 1명의 아내가 비극적인 자동차 사고로 사망했다. 40분도 채 안 되어 나는 9통의 전화를 받았다. 하필이면 내가 거기 없을 때였다. 그러나 그가 속한 공동체 그룹 멤버들이 그를 위로하기 위해 모일 거라는 사실은 알 수 있었다. 그들은 실제로 그렇게 했다. 예전 그룹 멤버들과 현재 그룹 멤버들이 그의 곁에 함께 있어 주었고, 여러 명의 교역자들도 그를 찾아가 위로했다. 그의 두 아들이 속한 그룹의 리더들은 아이들과 함께 있어 주었다. 예수님의 손과 발이 갑자기 활동을 시작해 어려운 시기를 맞아 슬픔에 잠긴 그 가족과 동행해주었다. 사람들은 본능적으로 자신이 관계를 맺고 있는 사람들을 돌보게 되어 있다. 나는 장례식 다음날 그 사람으로부터 이런 이메일을 받았다.

> 앤디(Andy)는 곧잘 노스포인트를 '세상에서 가장 관대한 교회'라고 부르죠. '가장 잘 돌보는 교회'라는 별명을 하나 더 추가하면 어떨까요?

이 기본 요소는 교인들을 잘 돌볼 수 있는 주된 방법은 공동체 그룹을 통해서라는 사실을 리더들에게 상기시킨다. 그것은 리더들에게 그룹 내에서 발생하는 어려운 상황에 어떻게 대처해야 할지 미리 준비할 수 있게 해준다. 그리고 돌보는 사역과 관련된 교회내 다른 자원에 대해서도 알려준다.

영향력을 배가하라

이 마지막 요소는 리더들에게 자기의 그룹을 배가하는 것이 다른 사람들도 그룹 생활에 참여할 수 있도록 문을 열어준다는 사실을 상기시킨다. 또한 리더들의 영향력을 배가할 수 있는 기회를 만들어준다. 우리도 그것이 그룹 리더십의 가장 어려운 측면이라는 점을 알고 있다. 그러나 한편으로는 가장 보람 있는 부분일 수도 있다.

다음 도표가 보여주듯이, 사람들이 18개월마다 그들의 그룹을 배가하기만 한다면, 그들은 6년 동안 거의 200명의 사람들에게 영향을 미칠 수 있다. 그렇게 4년을 더 지속한다면, 기하급수적인 성장의 힘을 경험하기 시작한다. 10년이 지나는 동안, 1명의 리더는 개인적으로 1,500명 이상의 사람들에게 영향을 미치게 될 것이다! 그들은 그룹 배가 과정을 통해 다른 어떤 방법보다 더 많은 사람들의 삶에 영향을 미칠 수 있다.

년수	사람수
오늘	12
1.5	24
3	48
4.5	96
6	192
7.5	384
9	768
10.5	1,536

반복해서 실시하라

우리는 여섯 가지 기본 요소를 규정하자마자 활용하기 시작했다. 그리고 몇 번이고 되풀이하여 반복했다. 사실, 그것은 지금도 우리가 시행하는 모든 훈련 이벤트의 토대라고 할 수 있다. 우리는 새로운 리더들을 위한 오리엔테이션에서 기본 요소 하나하나에 대해 개요를 설명하고, 그룹 디렉터와 리더 사이의 일대일 만남에서도 그것들을 반복해서 학습한다. 매년 실시되는 2차례의 연례 훈련 이벤트에서도 한 가지 기본 요소를 정해 그것을 중심으로 전체 이벤트를 기획하고 반복해서 훈련한다. 따라서 리더들은 3년마다 여섯 가지 기본 요소 모두에 대해 훈련받는다.

더 큰 효과를 위해 더 적게 훈련하는 것이 최상의 방법이다. 리더들은 분명 어떤 것들은 훈련받을 필요가 있다. 그들에게 가장 필요한 것은 중요한 것들에 대한 훈련이다. 훈련의 범위를 최소한의 것들로 좁혀라. 그리고 그것들을 몇 번이고 되풀이해서 말하라. 그럼으로써 리더들은 그들이 정말 필요로 하는 기본 요소들을 갖출 수 있다. 그것은 삶을 변화시키는 효과적인 그룹을 이끄는 데 없어서는 안 될 필수 요소들이다.

> **당신의 공동체를 만들라**
> CREATING YOUR COMMUNITY

1. 당신은 어떤 종류의 리더십 훈련을 제공하고 있는가?

2. 당신의 리더들이 명심해야 할 최소 단위의 것들은 무엇인가?

3. 당신은 '더 큰 효과를 내기 위해 더 많이' 가르치는가, 아니면 '더 큰 효과를 위해 더 적게' 가르치는가?

4. '더 큰 효과를 위해 더 적게 훈련하는' 방식의 장점은 무엇인가?

5. 당신의 환경에서 어떻게 하면 '더 큰 효과를 위해 더 적게 훈련할' 수 있는가?

15장

CREATING COMMUNITY

성공을 위해 준비하라

애초부터 우리의 목표는 소그룹 중심의 교회가 되는 것이었다. 하지만, 첫 두 해 동안 노스포인트는 적절한 로비와 거실 환경을 만드는 데 관심을 집중하기로 결정했다. 한정된 수의 교역자들이 교회에 전혀 다니지 않는 사람들을 끌어들이기 위해서는 그 두 가지 분야에 우선 순위를 두고 집중 투자할 수밖에 없었다. 사람들을 서로 연결하려면 우선 그들을 끌어들여야 한다고 생각했다. 그래서 거기서부터 시작했다. 안타깝게도, 그 때문에 소그룹 사역을 제대로 전개할 수 없었다. 소그룹은 몇 사람이 느슨하게 이끌어 갔고, 우리에게는 제대로 임명된 소그룹 리더가 1명도 없었다.

감사하게도, 이제는 많은 것이 변했다. 지난 7년 동안, 우리 소그룹 조직은 승리를 위해 필요한 것들을 준비하는 데 온 관심을 기울였다. 소그룹들이 성공하려면, 잘 준비되어야 한다. 나는 소그룹 사역의 성공에는 다섯 가지 요소가 있다고 생각한다.

단순함

한 가지 요소는 교회 전략의 단순함이다. 우리는 모든 것을 하려고 하지 않는다. 대신, 몇 가지 사항을 잘하려고 노력한다. 그러면 로비와 거실 환경을 거쳐 사람들을 소그룹으로 이동시키는 데 집중할 수 있다. 노스포인트에서는 공동체로 향하는 사역이 아니라면, 아예 시작하지 않는다. 우리는 공동체로 가는 주요 통로로 그룹링크를 만들었고, 그것은 연결을 쉽게 만들어준다. 단순한 전략을 통해 더 적게 일하면서 더 많은 것을 이루어낼 수 있다.

> 공동체로 향하는 사역이 아니라면, 아예 시작하지 않는다.

그 점은 아무리 강조해도 지나치지 않다. 단순한 시스템은 이해하기 쉽다. 의사소통도 쉽다. 실행하기도 더 쉽다. 단순한 것이 훨씬 더 낫다.

가시성

가시성(visibility)은 그룹 시스템을 성공으로 이끌어준다. 그룹들이 더 자주 눈에 띌수록, 그룹 활동이 중요하며 그것이 우리 교회의 중요한 우선 순위 가운데 하나라는 사실을 더 많은 사람들이 깨닫게 된다. 우리는 여러 가지 방법을 통해 그룹이 항상 눈에 띄도록 유도해왔다.

첫째, 앤디(Andy)는 종종 공동체에 관해 설교한다. 소그룹 주제의 메시지를 자주 전하는 것도 교인들에게 많은 것을 암시해준다.

둘째, 우리는 1년에 5차례 예배 시간에 그룹링크를 소개한다. 일부러 시간을 내어 그룹링크 진행 과정과 연결의 중요성에 대해 전달하는 것이다. 그것은 그룹이 항상 관심의 대상이 되도록 분위기를 조성해준다.

셋째, 세례를 베푸는 방식도 교인들이 그룹의 가치에 대해 정기적으로 들을 수 있는 기회로 만든다. 나는 그 방식이 진정 노스포인트 최고의 전례(典禮) 가운데 하나라고 생각한다. 사람들은 세례를 받기 전에, 짧은 간증을 비디오로 녹화해달라는 요청을 받는다. 그것은 세례받는 사람들이 자기 믿음의 여정에 기여한 모든 사람들에게 공개적으로 감사의 말을 전할 수 있는 훌륭한 기회다. 또한 소그룹에 대해 알릴 수 있는 더할 나위 없는 선전 기회이기도 하다. 세례받는 사람들 대다수는 자신의 소그룹 멤버들이 베풀어준 영향력과 격려에 대해 감사하는 말로 간증을 마무리한다. 그것은 분명 소그룹은 하나님이 사람들의 삶을 변화시키기 위해 사용하시는 수단이라는 엄청난 메시지를 전달한다. 최상의 광고는 항상 소그룹을 통해 삶의 변화를 경험한 만족한 고객들이다.

가치성

그룹 시스템을 성공으로 이끌어주는 또 다른 요인은 그것의 가치성이다. 가치 있는 것은 유명해지기 마련이다. 그룹 생활은 우리가 교회를 운영하는 방식이기 때문에, 교회 광고나 촌극, 설교 예화 등을 통해 끊임없이 알려진다. 그것은 노스포인트의 DNA의 한 부분이라고 할 수 있다.

여러 해 전, 우리에게도 고비가 있었다. 우리 리더십 팀이 짐 콜린스(Jim Collins)의 「성공하는 기업들의 8가지 습관(Build to Last)」를 탐독한 후였다. 그 역작은 비전 있는 기업들의 성공적인 습관에 관한 책이다. 우리는 비전 있는 기업들이 성장을 촉진하기 위해 BHAGs(Big Hairy Audacious Goals: 크고 위험하며 대담한 목표)를 어떻게 사용하는지에 대한 장을 읽고나서, 곧바로 우리의 BHAGs는 무엇이 되어야 할 것인지에 대해 토론했다. 우리는 그것이 주일 출석률에 근거를 두지 않기를 바랬다. 주일 출석률은 전체의 일부에 불과하기 때문이다. 우리는 그 BHAG가 재정적인 것이기를 원하지도 않았다. 그것으로는 삶의 변화를 측정할 수 없기 때문이다. 팀원들은 우리의 목표가 그룹 참여도를 중심으로 결정되어야 한다는 점에 동의했다.

그래서 우리는 5년 이내에 7,200명의 성인들을 소그룹으로 이동시키는 목표를 정했다. 그리고 그것을 이루기 위해 기도하면서 모든 노력을 기울였다. 그것이 우리와 같은 규모의 교회에게는 큰 목표가 아닌 것처럼 보일 수도 있겠다. 하지만 당시 우리 교회에는 850명의 성인들만이 소그룹에 참여하고 있었다. 그 목표를 정한 후 우리는 모두 웃었다. 너무나 비현실적으로 보였기 때문이다. 그러나 하나님이 역사하시고 팀원 모두가 헌신적으로 노력한 끝에 우리는 그 도전적인 목표를 단 4년 만에 달성할 수 있었다.

그 한 가지 목표, 그 한 번의 결정이 다른 어떤 것보다도 리더들에게 소그룹의 가치에 대해 더 큰 의미를 전달해주었다.

자원

한 개인이 돈을 어떻게 쓰는지에 따라 많은 것을 알 수 있다. 그 교회도 마찬가지다. 그들은 자신이 가치 있게 여기는 것에 투자한다. 적절한 자원의 투입 없이는 어떤 그룹 시스템도 정상 궤도에 오를 수 없다.

> 적절한 자원의 투입 없이는 어떤 그룹 시스템도 정상 궤도에 오를 수 없다.

우리는 다음 세 가지 분야에 자원을 투입함으로써 큰 성과를 거두었다. 첫 번째는 인력이었다. 우리는 소그룹의 융화와 리더 육성 분야에 전문 교역자를 배치하기로 결정했고 그 효과는 즉시 나타났다. 또한 그룹링크 진행 과정의 개발과 리더 훈련에 집중적인 관심을 기울였다. 그 결과, 비교적 짧은 시간 안에 많은 사람들을 융화시킬 수 있었다. 전문 교역자를 배치해 지원한 것이 주효했음은 두말할 필요가 없다.

우리가 자원을 집중적으로 투입한 두 번째 분야는 훈련이었다. 우리는 세 가지 이벤트 중심으로 대부분의 훈련을 집중했다. 그리고 그 시간을 관련성이 깊고 창의적으로 만들기 위해 자원을 적절히 투입했다. 리더들이 주일날 경험하는 것과 훈련 이벤트에서 경험하는 것 사이에는 일관성이 있다. 우리의 목표는 그 두 가지를 모두 훌륭하게 해내는 것이다. 그러면 결과적으로 출석률도 높아진다.

우리가 자원을 집중적으로 투입했던 세 번째 분야는 보육 부문이다. 우리는 일찍부터 보육 문제가 장애 요인이 될 수 있을 거라고 판단했다. 두 가지 대안이 있었다. 하나는 그 문제를 무시하는 것이다. 그렇다면 출석률은 저하될 수밖에 없었을 것이다. 또는 성인들을 위한 교육관을 만드는 것이다. 그랬다면 엄청난 비용이 들었을 것이다. 두 가지 대안 모두 우리 마음에 들지 않았다. 그래서 우리는 제3의 가능성을 생각해냈다. 비율을 미리 정해 육아 비용을 보상해주기로 결정한 것이다(보육 비용 환급 제도에 대한 자세한 설명은 부록 E를 참조하라). 우리는 매년 보육 부문에 상당한 규모의 예산을 투입하지만, 주중 대부분의 시간에는 비워둘 수밖에 없는 건물의 대출 이자보다는 적게 들어간다.

모범 보이기

나는 소그룹 참여를 단지 프로그램이 아니라 개인적 열망으로 삼고 있는 목회자를 만난 것에 대해 개인적으로 감사한다. 우리 교인들도 마찬가지다. 앤디(Andy)의 리더십과 적극적인 참여는 우리 소그룹 사역의 성공에 상당한 기여를 했다. 앤디는 그룹의 가치에 대해 열정적으로 이야기하고, 하나님이 자신의 삶 속에서 소그룹을 어떻게 사용하셨는지에 대해 진솔하게 말해왔다. 그는 초창기부터 소그룹을 인도하면서, 우리 교회에 알맞는 소그룹을 지속적으로 연구해왔다. 어느 교회에서나 소그룹의 정말 중요한 핵심 리더는 담당 목회자이며, 노스포인트도 예외는 아니다.

지도적 위치에 있는 사람들이 소그룹 활동에 모범을 보이는 것이 얼마나 중요한지는 아무리 강조해도 지나치지 않다. 그것은 교회 전략과 건강도에 이르기까지 소그룹의 중요성에 대해 큰 의미를 부여하기 때문이다. 담당 목회자의 참여가 없다면, 소그룹 리더는 핵심 지도부가 전적으로 지지하지 않은 사역을 마케팅해야 하는 어려운 입장에 놓이게 된다.

> 지도적 위치에 있는 사람들이 소그룹 활동에 모범을 보이는 것이 얼마나 중요한지는 아무리 강조해도 지나치지 않다.

소그룹 시스템을 성공으로 이끄는 요인은 많다. 우리에게 있어, 가장 중요한 것은 전략을 단순하게 만들고, 메시지를 자주 눈에 띄게 만들며, 그 과정을 중요하게 여기고, 적절한 자원을 공급하며, 참여에 모범을 보이는 것이다. 이 모든 것은 보기에도 좋고 실제로도 효과적으로 기능하는 시스템 단계를 만드는 데 기여한다.

요컨대, 시스템 단계는 현실성이 있어야 한다. 그리고 실제로 기능하는 것들로 구성되어야 한다. 따라서 우리의 기대치는 현실적이어야 한다. 목양 시스템은 효과적이어야 하며, 리더들에 대한 훈련 단계는 정말 중요한 것들 중심으로 되어 있어야 한다. 그룹 시스템은 성공을 위해 만들어져야 한다. 그렇지 않으면, 효과적인 그룹을 구현하기 위해 만들어진 그 시스템이 본래 의도와는 전혀 동떨어진 것이 되고 만다. 결국 비현실적인 대본으로 전락하는 것이다. 사람들의 삶이 걸린 문제임을 고려할 때, 그것은 결코 받아들일 수 없는 대안이다.

당신의 공동체를 만들라
CREATING YOUR COMMUNITY

1. 성공적인 사역 전략을 구성하는 요소들이 무엇이라고 생각하는가?

2. 당신의 전략은 단순한가, 아니면 복잡한가?

3. 지금까지 사역을 성공으로 이끌어주는 다섯 가지 요소를 살펴보았다. 당신 생각에는 그 다섯 가지가 모두 중요한가? 왜 그런가, 혹은 왜 그렇지 않은가?

4. 당신의 현재 전략에는 어떤 요소들이 포함되어 있는가? 또 어떤 요소들이 빠져 있는가?

5. 당신의 사역이 성공할 수 있도록 더 잘 준비하기 위해서는 어떤 일이 일어나야 한다고 생각하는가?

결론

CREATING COMMUNITY

마지막 제언

우리가 이 책 「소그룹으로 변화되는 역동적인 교회」를 쓴 이유는 사람들이 공동체의 삶을 경험할 필요가 있다고 매우 열정적으로 믿기 때문이다. 그리고 그렇게 하지 않을 때 어떤 일이 일어나는지 보아왔기 때문이다. 지금까지 나눈 이 자료는 노스포인트에 활발한 소그룹 문화를 만드는 데 많은 도움을 준 것들이다.

이런 책을 읽고나면, 자연스럽게 "이제 무엇을 해야 하나?"라고 질문하게 된다. 우리는 당신이 현재 하고 있는 것을 모두 내다버리라고 제안할 만큼 거만하지 않다. 다만, 시간을 내어 우리가 지금까지 나눈 다섯 가지 핵심

영역과 관련된 몇 가지 까다로운 질문을 스스로 해보기 바란다. 그리고 당신 조직에 가장 필요한 것들로 한두 가지를 택해 팀원들과 함께 모여 토론하라.

예를 들어, 공동체에 대한 사람들의 매우 실제적인 필요를 이야기하기 바란다. 스타벅스는 커피 마시기에 더할 나위 없이 좋은 장소지만, 사람들의 삶을 변화시키는 하나님을 제시하지는 못한다. 과거 어느 때보다 사람들은 교회만이 제공할 수 있는 것을 필요로 한다. 성경적인 진정한 공동체 말이다. 모든 사람(당신과 나, 우리 가족, 이웃, 직장 동료를 포함하여 우리 모두)에게는 다른 사람들과 의미 있게 연결되고자 하는 내재된 욕구가 있다. 하나님은 우리가 삶을 경험하도록 계획하셨다. 그리고 그분이 의도하신 삶의 방식은 바로 '공동체 안에서(in community)' 경험하는 방식이다. 그것은 그분이 우리 영혼 속에 심어놓으신 방식이기도 하다. 참석해야 할 또 다른 모임은 필요없다. 그러나 생명력을 주는 그런 유익한 관계들을 사람들은 절실히 필요로 한다. 그것은 서로가 의미 있는 방식으로 정기적으로 연결될 때만 일어날 수 있다. 래리 크랩은(Larry Crabb)은 그것을 적절히 표현하고 있다. "우리의 폐가 공기를 필요로 하듯이, 우리의 영혼은 공동체만이 공급해줄 수 있는 것을 필요로 한다. 우리는 관계 속에서 살도록… 만들어졌다. 관계를 맺지 않고는 죽을 수밖에 없다. 그것은 너무나도 자명한 이치다."[31]

당신의 교회가 지닌 사명의 명료함과, 그것을 어떻게 이루어내야 하는지에 대해 평가할 필요가 있을지도 모른다. 우리가 고민했던 세 가지 중대한 질문(우리는 사람들이 어떤 존재가 되기를 원하는가? 우리는 사람들이 무엇을 하기를 원하는가? 우리는 사람들이 어디로 가기를 원하는가?)이 좋은 출발점이 될 수 있을 것이다. 팀원들에게 그 질문들에 어떻게 대답할 것인지 물어보라. 그들의 대답이 서로 다르다면, 당신의 리더들에게는 명료함이 필요할 가능성이 높다.

당신의 사역 전략을 면밀히 재검토해야 할지도 모른다. 사명을 달성하는 데 그것이 어떤 도움이 되고 있는지(혹은 도움이 되고 있지 않는지) 점검해야 할지도 모른다. 교회는 분명하고 매력적인 전략이 필요하지만, 무엇보다도 효과를 발휘하는 전략이 필요하다. 바라는 성과를 이루어내고, 그 약속을 이행하는 데 도움이 되는 전략이 필요하다. 어쩌면 프로그램을 약간 수정하거나 경쟁 관계에 있는 프로그램을 제거해야 할 수도 있다. 혹은 전체 시스템에 대대적인 정비를 할지도 모른다. 그러나 전략의 효율성과 단점에 대한 솔직한 토론만이 장래에 당신과 당신의 조직을 도울 수 있다.

당신의 연결 전략을 점검하고 일반적인 참여자들이 얼마나 쉽게 소그룹에 합류할 수 있는지 판단해보아야 할지도 모른다. 사람들이 소그룹에 쉽게 연결되지 않다면, 그들은 당신 사역의 이점들을 결코 경험하지 못한다. 당신은 지금까지 연결을 위한 미로를 만들었는가, 아니면 단계들을 만들었는가? 당신이 제공한 것이 단계들이라면, 그것들은 쉽고 분명하며 전략적인가?

마지막으로, 실행 단계를 평가할 수도 있다. 일반적인 사람들이 활용할 수 있는 실행 가능한 방법인지 살펴볼 필요가 있을지도 모른다. 예를 들어, 자원 봉사자들에 대한 당신의 기대치를 재평가하고 필요한 부분을 재조정하기 바란다. 당신의 실행 단계는 리더와 자원 봉사자들에게 도움이 되어야 한다. 그렇지 않으면, 그들이 그 단계에 종속되는 결과를 초래한다. 실행 단계가 현실 세상에 살고 있는 사람들을 위해 합리적으로 설계되어야 하는 이유가 바로 그 때문이다.

한 가지만 더 주의하라. 변화를 추구하는 일은 속도를 조절할 필요가 있다. 어떤 조직이든 너무 많은 변화를 너무 빨리 추구하는 것은 해롭다. 나는 지금까지 노스포인트에서 활용하는 몇 가지 원칙과 전략들을 자세히 설명했다. 그러나 그것들은 단지 당신의 사고를 자극하여 몇 가지 중요한 질문을 스스로 해보도록 하기 위해서다. 요컨대, 그 전략들이 우리에게는 매우 효과적이었다. 다른 많은 곳에서도 마찬가지 효과를 발휘할 수 있다고 생각한다. 그러나 교회마다 독특한 구석이 있다는 사실을 명심하라. 어떤 변화를 추구하거나 새로운 전략을 추가하기 전에, 반드시 자신의 교회 문화와 리더십, 목회 철학 등을 고려해야 한다.

하나님은 우리를 향한 꿈을 가지고 계신다. 거기에는 진정한 공동체도 포함되어 있다고 믿는다. 예수님은 그것을 위해 기도하셨다. 진정한 공동체는 우리 모두에게 필요하다. 또한 믿지 않는 세상이 우리에게서 보기를 갈망하는 모습이기도 하다. 나는 공동체가 하나님의 아이디어라는 사실에 큰 위로를 받는다. 그것은 그 꿈을 이루는 것에 대한 궁극적인 책임을 하나님이 지신다는 사실을 의미한다. 당신이 지금까지 읽은 내용이 그분의 꿈을 당신의 현실로 만드는 데 도움이 되기를 기도한다. 그리고 다른 많은 사람들에게도 현실이 되기를 기도한다.

부록 A

그룹 디렉터 직무 기술서

목적

노스포인트 커뮤니티 교회의 공동체 그룹 디렉터는 60명에서 75명의 그룹 리더들을 목양하고 이끄는 책임을 맡는다. 리더들이 개인적으로 세 가지 핵심적인 관계를 추구하고 리더의 여섯 가지 기본 요소를 중심으로 예측 가능한 소그룹 환경을 만들도록 격려하고 훈련시킨다.

프로필

공동체 그룹 디렉터는 사람과 일 사이에서 고루 조화를 이룬 성품을 갖추고 있어야 한다. 그들은 리더십과 판단력, 설득력, 가르치기, 목회와 같은 영적 은사 가운데 한 가지 이상의 은사가 있어야 한다.

우선 순위

리더들 지도하기(50%)

1. 1년에 3차례 리더들과 함께 모임을 갖는다(3월, 8월, 11월).

2. 1년에 3-4차례 리더들과 일대일로 만난다.

3. 리더의 여섯 가지 기본 요소를 중심으로 리더를 훈련하고 육성한다.

4. 그룹의 유지와 효율성, 건강도 등을 점검한다.

5. 언제든지 개별적으로 리더를 돕고 보살필 수 있도록 준비한다.

리더들 모집하기(20%)

1. 그룹링크를 위해 준비중인 새로운 리더들과 면담한다.

2. 리더 견습생을 발굴하고 육성하는 단계를 시작한다.

3. 지속적으로 새로운 리더를 모집한다.

배가 과정 감독하기(10%)

1. 18개월에서 24개월의 기간 내내 그룹의 발전 사항을 기록한다.

2. 소그룹이 배가되는 날에서 최소한 6개월 이전에 견습생 확보 여부를 확인한다.

3. 모든 그룹이 적시에 배가할 수 있도록 독려한다.

행정(15%)

1. 6개월 단위로 그룹 정보의 수정 여부를 감독한다.

2. 각 리더와의 미팅 이후에 후속 조치가 적시에 이루어지는지 확인한다.

3. 각 새신자 그룹과 접촉하여 어떤 그룹이 공동체 그룹으로 이어질 것인지를 결정한다.

4. 모든 그룹 정보가 정확한 최신 정보인지 검증한다.

훈련 이벤트(5%)

1. 필요하다면 봄 훈련 캠프와 가을 수양회의 진행을 돕는다.
2. 필요하다면 공동체 그룹 리더 오리엔테이션에 참여하여 봉사한다.
3. 필요하다면 '도구 개발' 활동에 참여한다.
4. 그룹링크 행사에 참여한다.
5. 사역과 관련된 다른 이벤트에 참여한다.

부록 B

CREATING COMMUNITY

공동체 그룹 리더 직무 기술서

목적

공동체 그룹 리더들은 자기 그룹에 비전과 방향을 제시하고 지원할 책임이 있다. 그들은 자기 그룹을 순조롭게 운영하고 감독하는 목자의 역할을 맡는다.

자격 조건

1. 연결성. 노스포인트에 등록한 교인이어야 한다.
2. 문화. 노스포인트의 그룹 전략과 가치 기준을 받아들여야 한다.
3. 인격. 주변 사람들로부터 고결한 성품의 소유자로 알려진 사람이어야 한다.
4. 좋은 관계. 이미 그룹 디렉터와 면담을 통과한 사람이어야 한다.
5. 능력. 이미 소그룹에 참여해 활동한 경력을 가진 사람이어야 한다.

우선 순위

1. 그룹을 순조롭게 운영하고 그 건강도를 감독함으로써, 그룹을 인도

한다.
2. 세 가지 핵심적인 관계에 초점을 맞추어 서약과 커리큘럼에 대한 결정을 이끌어낸다.
3. 그룹 디렉터와 일대일 만남을 적어도 1년에 3차례 이상 갖고, 다른 리더들과 함께 1년에 3차례 모임을 갖는다.
4. 봄과 가을에 있는 훈련 이벤트에 참석한다.
5. 최신 그룹 정보를 교회 사무실에 전달한다.

부록 C
CREATING COMMUNITY

공동체 그룹 서약서

목적
참여자들에게 진정한 공동체와 영적 성장을 경험할 수 있는 예측 가능한 환경을 제공한다.

가치 기준과 목표

관계
기도와 커리큘럼에 대한 토론은 공동체 그룹의 핵심 요소들이기는 하지만, 그룹을 뒷받침하는 원동력은 관계 형성에 있다.

진정성
공동체 그룹은 멤버들 사이에 솔직함과 투명함을 장려하는 분위기가 되어야 한다. 그런 분위기야말로 사람들이 자신을 편하게 드러낼 수 있는 환경이다.

비밀 유지

진정성이 생기기 위해서는 공동체 그룹 내에서 논의된 문제들이 그룹 밖에서 이야기되지 않을 것이라는 점을 멤버들이 신뢰할 수 있어야 한다.

존중심

그룹 멤버들은 자신의 배우자나 그룹 내 다른 멤버를 난처하게 만드는 이야기를 절대 하지 말아야 한다.

마음 자세

공동체의 주된 역할은 그룹 내에서 형성되는 구체적인 관계에 우선 순위를 두는 것이다. 그것은 서로 다른 사람의 필요를 만족시키기 위해 기꺼이 시간을 내고자 하는 마음 자세를 필요로 한다.

배가

그룹 멤버들은 그룹의 목표 가운데 하나가 18-24개월 기간 내에 새로운 그룹을 시작하는 것임을 인식하고 있다. 이러한 목표의 인식은 다른 사람들도 공동체 그룹 관계를 경험할 수 있게 해준다.

그룹 운영 지침

1. 우리 그룹은 _____ 부터 _____ 까지 모인다.
2. 우리 그룹은 _____ 요일 밤에 모인다.
3. 그룹 모임은 _____ 시에 시작해서 _____ 시에 끝낼 것이다.
4. 모임 시간은 대체로 서로의 삶을 나누는 시간 _____ 분, 성경 공부 또

는 토론 시간 _____ 분, 기도 시간 _____ 분으로 구성될 것이다.
5. 그룹에 새로운 멤버가 합류하는 것을 모든 멤버가 동의하기 전까지는 우리 그룹은 닫힌 그룹으로 존재할 것이다.
6. 그룹 멤버들은 정기적으로 출석하고 참여할 것이며, 매주 다른 그룹 멤버를 위해 기도하기로 약속한다.

나는 우리 그룹의 다른 멤버들과 함께
이 서약 내용을 준수하기로 서약한다.

(서명)

그룹 리더:

_____

_____

그룹 멤버들:

_____

_____

_____

_____

_____

부록 D
CREATING COMMUNITY

공동체 그룹의 승리

그룹 멤버의 승리

- 그룹 멤버들이 가장 핵심적인 세 가지 관계 속에서 성장을 추구할 때 이루어진다.

그룹 리더의 승리

- 그들이 가장 핵심적인 세 가지 관계 속에서 성장을 추구할 때 이루어진다.
- 자신의 그룹 멤버들이 가장 핵심적인 세 가지 관계 속에서 성장을 추구하도록 지도할 때 이루어진다.
- 그들이 리더의 여섯 가지 기본 요소를 성공적으로 실행하고 예측 가능한 소그룹 환경을 만들 때 이루어진다.

그룹 디렉터의 승리

- 그들이 가장 핵심적인 세 가지 관계 속에서 성장을 추구할 때 이루어진다.

- 자신의 리더들이 가장 핵심적인 세 가지 관계 속에서 성장을 추구하도록 지도할 때 이루어진다.
- 자신의 리더들이 그룹 구성원들의 영적 성장을 잘 지도할 수 있도록 훈련할 때 이루어진다.
- 자신의 리더들이 리더의 여섯 가지 기본 요소를 성공적으로 실행하고 예측 가능한 소그룹 환경을 만들도록 훈련할 때 이루어진다.

부록 E

보육 비용 환급 제도

1. 환급 신청서는 그룹 리더나 구내 안내 데스크에서 얻을 수 있다.
2. 신청서에는 감사용 일련 번호가 매겨져 있으므로, 복사해서 쓸 수 없다.
3. 개인의 베이비시터 고용 비용은 정해진 비율에 따라 환급받는다(비율은 환급 신청서를 참조하라).
4. 개인 신청서는 그룹 모임이 끝난 후 환급을 요청하는 가정이 직접 작성해야 한다.
5. 그룹 멤버들은 매주일 작성된 신청서를 그룹 사역 사무실이나 구내 안내 데스크에 제출한다.
6. 모든 신청서는 그룹 모임을 가진 날로부터 30일 이내에 제출해야 한다.
7. 수표는 접수일로부터 2주 이내에 발행되어 우편으로 발송된다.

부록 F

CREATING COMMUNITY

보육 비용 환급 신청서

노스포인트 커뮤니티 교회 No._____
4350 노스포인트 파크웨이 알파레타, 조지아 30022
(o)770.290.5600 (f)770.290.5601

보육 비용 환급(사무실 전용)	환급금 지불 대상자:
접수일자: _____	성명: _____
요청자: _____	주소: _____
부 서: _____	시: _____ 주: _____
	우편번호: _____
	전화번호: _____
	그룹 리더 성명: _____

환급 요청할 때마다 신청서를 따로 작성해주십시오.
신청서는 환급 요청일로부터 30일 이내에 제출해야 합니다.

계좌 번호	사역 부문 (구역 모임, 공동체 그룹, 스타팅 포인트, 크라운 등)	일자	아이들 수	시간	금액
1155-01 -10-080					

개인의 베이비시터 고용 비용은 아래 도표를 참고하시기 바랍니다.

아이들 수	보육 비용 환급 비율			
	보육 시간			
	1	2	3	4
1	$7.00	$14.00	$21.00	$28.00
2	$7.50	$15.00	$22.50	$30.00
3	$8.00	$16.00	$24.00	$32.00
4	$8.50	$17.00	$25.50	$34.00

5명 이상의 아이들에 대한 단체 보육은 시간당 $9로 지급됩니다.

신청서는 우편 또는 팩스로 공동체 그룹 사역 담당자에게 보내주시기 바랍니다.

주

CREATING COMMUNITY

1. 'Awards and Accolades', www.starbucks.com. www.starbucks.com/aboutus/recognition.asp (2004년 4월 현재).
2. Joseph R. Myers, 'The Search to Belong: Rethinking Intimacy, Community, and Small Groups'(Grand Papids, MI: Zondervan, 2003), 120. (Scott Cook, 'The Culture Significance of the American Front Porch', The Evolution of the American Front Porch, http://xroads.virginia.edu/~CLASS/am483_97/projects/cook/cultur.html에서 인용)
3. George Gallup Jr., The People's Religion (New York: MacMillan, 1989)
4. Randy Frazee, 「21세기 교회 연구 공동체(The Connecting Church, 좋은씨앗 [Phillip Langdon, A Better Place to Live: Reshaping the American Suburb (New York: HarperPerennial, 1994)에서 인용]
5. John Ortberg, Everybody's Normal till You Get to Know Them (Grand Rapids, MI: Zondervan, 2003), 30.
6. Randy Frazee, Making Room for Life (Grand Rapids, MI: Zondervan, 2003), 33.
7. 창세기 1:31.
8. John Ortberg, Everybody's Normal till You Get to Know Them (Grand Rapids, MI: Zondervan, 2003), 31-32.
9. 에베소서 6:12.
10. John Ortberg, Everybody's Normal till You Get to Know Them (Grand Rapids, MI:

Zondervan, 2003), 33.
11. Henry Cloud, 「변화와 치유(Changes That Heal, 가정선교교육원, 2001)」.
12. John Ortberg, Everybody's Normal till You Get to Know Them (Grand Rapids, MI: Zondervan, 2003), 47.
13. Bill Donahue and Russ Robinson, 「소그룹 중심의 교회를 세우라(Building a Church of Small Groups, 국제제자 훈련원, 2004)」.
14. 요한복음 17:11.
15. John Ortberg, Everybody's Normal till You Get to Know Them (Grand Rapids, MI: Zondervan, 2003), 40.
16. 요한복음 13:34-35.
17. Francis Schaeffer, 「그리스도인의 표지(The Mark of a Christian, 생명의말씀사, 1996)」.
18. Randy Frazee, Making Room for Life (Grand Rapids, MI: Zondervan, 2003), 35.
19. 요한복음 3:16.
20. 사무엘하 11장.
21. 여호수아 8장.
22. 야고보서 1:22.
23. 마태복음 22:37-40.
24. 히브리서 10:24-25(공동번역).
25. Andy Stanley, Reggie Joiner, and Lane Jones, 「성공하는 사역자의 7가지 습관(7 Practices of Effective Ministry, 도서출판 디모데, 2005)」.
26. American Heritage Dictionary of the English Language: Fourth Edition, 2000, s.v. 'strategy.'
27. 출애굽기 18:14-23.
28. John Eldredge, 「마음의 회복(Wild at Heart, 좋은씨앗, 2004)」.
29. Andy Stanley, Reggie Joiner, and Lane Jones, 「성공하는 사역자의 7가지 습관(7 Practices of Effective Ministry, 도서출판 디모데, 2005)」.
30. Andy Stanley, Reggie Joiner, and Lane Jones, 「성공하는 사역자의 7가지 습관(7 Practices of Effective Ministry, 도서출판 디모데, 2005)」.
31. Randy Frazee, 「21세기 교회 연구 공동체(The Connecting Church, 좋은씨앗, 2001)」에 인용된 Larry Crabb의 언급.

소그룹으로 변화되는 **역동적인 교회**

1쇄 발행	2006년 3월 10일
3쇄 발행	2023년 7월 25일

지은이	앤디 스탠리, 빌 윌릿
옮긴이	이중순
펴낸이	고종율

펴낸곳	주)도서출판 디모데〈파이디온선교회 출판 사역 기관〉
등록	2005년 6월 16일 제 319-2005-24호
주소	서울특별시 서초구 서초대로 141-25(방배동, 세일빌딩)
전화	마케팅실 070) 4018-4141
팩스	마케팅실 02) 6919-2381
홈페이지	www.timothybook.com

ISBN	978-89-388-1227-8

ⓒ 2005 도서출판 디모데 All rights reserved. 〈Printed in Korea〉